JN046365

対人援助に
活かす
カウンセリング

HISASHI・IWASAKI
岩崎 久志

チーム支援、多職種連携に必要な
コミュニケーション技術

晃洋書房

は じ め に

　人は，人とかかわることによって成長し，自己を築いていきます．また，人とのかかわりのなかで喜び，時には傷つき，また癒されます．それほど，人間関係とは人生の根幹にかかわる重要なことです．にもかかわらず，いや，だからこそ，複雑で，実際ややこしいのだと思います．

　その要因は，人間関係のコミュニケーションでは，絶えず感情が動かされるからだと思います．理性や本能だけではなく，人間には感情が備わっており，心の働きにとって大きな部分を占めるためではないでしょうか．

　ましてや，医療や福祉をはじめとする対人援助に携わる専門職は，「感情労働」といわれるように，自身の感情のコントロールが求められます．それほど，今日，他者を支える仕事に従事する者は，相手に対する援助面だけではなく，自らを律する能力も備えておく必要があるということです．

　たとえば看護師の場合，患者さんとのコミュニケーション・スキルだけではなく，チーム医療の普及にともない，同僚，上司および部下，実習生，他専門職との協働・連携においても，高度な対人援助技術がますます求められるようになってきています．

　本書は，2014年に刊行された拙著『看護・チーム支援に活かすカウンセリング──対人援助，多職種連携に必要なコミュニケーション技術──』（晃洋書房 2014）を基に，より広く対人援助に携わっている現任者，対人援助職を目指す人，そして対人援助職を養成している方を対象とするものとして，大幅な修正・加筆を施しています．

　臨床心理学やカウンセリング理論の知見をベースとして，対人援助職が実践において，より有効な対人援助やコミュニケーションを行うための知識ならびに援助技法の理解と習得に資する解説書となっています．

　これまでの類書の多くには，大きく2つの傾向があるように思います．ひとつは，複数の専門家による各領域に関する論考をまとめたもので，詳細な情報

が扱われている反面，いささか専門的過ぎて実践との距離を感じることがあります．もう一方では，イラスト等を多用し，わかりやすいものの，マニュアル的に情報やスキルが網羅されている感が否めないものです．

そこで本書は，対人援助にとって共通の基盤となる，傾聴による対人関係の構築およびそのスキルを軸に据えながらも，そのための聴き手の自己覚知をはじめとした，対人援助職としての姿勢や態度についてしっかりと言及しています．そのうえで，実践場面に則してカウンセリングを活用できるよう，事例(場面) を盛り込みながら，できるだけわかりやすく論じています．

筆者は，もともとソーシャルワーカー（社会福祉士）養成課程の教員ですが，15年ほど前から看護職の養成機関や現任研修の場において，主に人間関係に関わる科目の講師を担っています．

また，筆者自身は，これまでスクールカウンセリングや企業におけるカウンセリング(産業心理臨床)，そして福祉職を中心に対人援助者のスーパーバイザーとして，カウンセリングや心理療法の臨床に携わってきています．

近年は，対人援助職を対象とした「コーチング・コミュニケーション」「人材育成研修」「プリセプター研修」そして自殺予防の「ゲートキーパー研修」といった研修の講師を依頼される機会が増えてきています．

そこで本書の内容も，「カウンセリング理論」「コミュニケーション論」「人間関係論」といった科目に関連するのみならず，幅広い領域にわたる対人援助論の専門書およびテキストとしても活用していただけるものとなっています．

本書の構成は，大きく2つに分かれています．まず，第Ⅰ部は基礎編として，対人援助職に求められるコミュニケーションの基本，対人援助におけるカウンセリングの意義と有効性，対人援助者としての姿勢，そして代表的なカウンセリング理論と援助法などについて解説しています．第Ⅱ部は実践・応用編であり，基礎編で述べたことを踏まえて，カウンセリングの技法を実践現場で活用していただけるように展開しています．

また，「アサーション」や「コーチング」といったカウンセリングと関連する援助技法にも触れながら，広く今日の医療・福祉・教育現場における対人援助技術に関するニーズにも応えるような内容も備えています．このように，さ

まざまな活用が可能な本書を，多くの対人援助職の方たちに読んでいただけれ
ばと願っています．それと，学生の指導にも役立てていただければ幸いです．

　さらに，今回新たに加筆した内容として，一人ひとりの対象者に寄り添い，
その人が体験したことを単に病気や出来事として分類するのではなく，意味を
帯びた「生きられた経験」として捉える，現象学的な視点による対人援助のあ
り方についても述べています．

　本書では，援助を受ける人のことを，記述の文脈や対人援助の分野に則して，
被援助者，患者，利用者，クライエントなどと表記しています．対人援助者の
側も同じ理由から，援助者，看護師，医療従事者，カウンセラーなどと名称を
使い分けています．

　また，各章の内容に関連する事例 (場面) を掲載していますが，秘密保持へ
の配慮も含めて，事例に登場する対人援助職はアルファベットで，関与する利
用者の名前はすべて仮名としています．ご了解いただければと思います．

　本書の内容が，知識の習得だけではなく，ほんのわずかでも何らかの刺激と
なり，読者自身の対人援助者としての在り様をふりかえるきっかけとなれば，
筆者にとっても，それ以上に素敵なサプライズはないと思います．

目　次

─────── 第 II 部　実践・応用編 ───────

第1部

基　礎　編

第1章

対人関係に活かすカウンセリング

《1》対人援助に求められるコミュニケーション技術

(1) 聴くことの力

　今日，医師や看護職などの医療職，ソーシャルワーカーやケアワーカーなどの福祉職,そしてカウンセラーなどの心理職を総称して対人援助職[1]と呼びます．これらのような，誰かを援助・支援する専門職には，それぞれの分野における専門知識とともに，高度なコミュニケーション技術を身につけていることが求められます．

　対人援助職に必要なコミュニケーション技術とは，どのようなものでしょうか．端的に言うと，それは，「人とうまくかかわる能力」です．なかでも，人とうまくかかわるための基盤として，「聴く力」が備わっていることが不可欠といえます．

　かつて，医療をはじめとする対人援助においては，専門家が対象者を「指導」するという構図が一般的なあり方として認知されていました．そこでは，援助者と被援助者，たとえば医師と患者の間に立場の上下関係が生まれ，高い位置にある医師が一方的に指導を行うといった，指示的な単方向のコミュニケーションとなりがちでした．今日，それはパターナリズム[2]（Paternalism）として望ましくないと考えられています．

　パターナリズムによるかかわりの結果，医療においては，医師の判断によって，患者にとって最善のケアを決定することが慣例となっていました．しかしそれでは，患者や利用者等の被援助者が自らの意思で問題を解決しようとする

主体性や自発性が尊重されず，効果的な治療・援助に結びつきにくい状況を招きがちでした．

　また，旧来の対人援助における援助観の主流は，「医学モデル」に基づいていました．これは問題の原因を個人の欠陥や病理としてとらえ，その結果として心理的・社会的問題などの生活困難に至ったとする，問題の見方をします．しかしながら，効果的な援助を実現するためには，援助者と被援助者は対等な関係として，いわば同じ目線でかかわることが重要となります．

　たとえば福祉分野では，被援助者のことを利用者と呼び，福祉サービスを主体的に利用する者として位置づけています．「医学モデル」に対して，問題発生の原因を単純には個人の弱さに帰さない，あくまでも，個人と生活環境との関係性に着目し，それらの循環的な相互作用の結果とする見方の立場を「生活モデル」[3]といいます．

　要するに，医学モデルとは「治す」ことに力点を置いた考え方であるのに対して，生活モデルは生活を「支える」ことに力点を置いた考え方といえます．生活モデルは，従来の医学モデルを批判的に克服しようとしたものです．

　なお，2001年からは，医学モデルと生活モデルを統合した「生物・心理・社会モデル」としての国際生活機能分類（ICF）が，医療チームなどの多職種連携における共通言語として普及してきています．ICF は，人間の生活機能と障害の分類法として，2001年 5 月に，世界保健機構（WHO）の総会で採択されました．本分類は，これまでの国際障害分類（ICIDH）のマイナス面を分類するという考え方から，生活機能というプラス面からみるように視点を転換し，さらに環境因子・個人因子の観点を加えたものです[4]．

　いずれにしても，利用者との良好なコミュニケーションを実現していくには，生活モデルのような複眼的な視点に基づき，援助者と利用者が互いに積極的に働きかけ合いつつ，利用者本人の主体的な自己決定が叶うよう，双方向のコミュニケーションをはかることが必要となります．

　そのための前提条件として，援助者と被援助者の間には，確固とした信頼関係が築かれていなければなりません．そこでは援助者の側の「人とうまくかかわる能力」が試されることとなり，その鍵となるのが「聴く力」なのです．ど

んなに言葉巧みな助言よりも，人は，自分の話をよく聴いてくれる人の言葉を
受け入れやすいものだからです．

　かつてのように，対人援助において「指導」が主流であった頃は，コミュニ
ケーション能力としては，話し上手で，的確な情報を提供したり，ためになる
アドバイスができるといった「話す」あるいは「教える」ことに重きが置かれ
ていました．しかし近年は，「話す」ことより「聴く」ことにその比重は移り，
いかに「聴き上手」になるかが，コミュニケーションで最も重要なテーマとさ
れるようになってきました．

　ユダヤの格言に「人には口が1つなのに，耳は2つあるのはなぜだろうか．
それは自分が話す倍だけ，他人の話を聴かなければならないからだ」というの
があります．「聴く」ことの大切さを知り，「聴く」技術が高まると，コミュニ
ケーションにおける摩擦や葛藤が解消されていき，人間関係は良好になります．
また，「神は，口は1つしかつくられなかったが，耳は2つつくられた」とい
うことわざもあります．それほど，自分のことを話すより，人の話を聴くこと
のほうが大切であるということでしょうか．

　もちろん，医療や福祉の分野において，「指導」が必要なくなったわけでは
ありません．ただ，従来のような援助者による一方向的な指示・命令だけでは，
本人の病気の回復や問題解決に向けての動機づけを強化することには必ずしも
つながりません．また，今日のように契約に基づく医療や福祉の制度の下では，
サービス提供側の説明責任や受益者による異議申し立ての保障など，利用者と
しての被援助者の権利を守っていくこともますます重視されるようになってき
ています．

　近年，医療の領域を中心に，インフォームド・コンセント (Informed Consent)
の概念および実施が重視されるようになってきました．これは，「説明と同意」
「十分な説明を受けた上での同意」などと訳されます．つまり，患者は事前に
医師等から説明を受け，十分な情報を得た上で治療・検査に参加するか否か，
他者から強制されることなく自己決定を行うということです．治療・検査の実
施後についても，結果，病状，予後について十分な説明がなされるべきである
ことは言うまでもありません．

　ここでも，質の高いコミュニケーション能力が求められます．そのための基本となるのが，患者との信頼関係の構築であり，援助者の「聴く力」なのです．「聴く力」が求められているのは，対人援助職だけではありません．ここ数年，企業等でのビジネスの分野においても重要なコミュニケーションのスキルとして，「聞き方」や「聴く力」が注目を集めています．また，それらのテーマを扱った，いわゆるビジネス書や研修の機会なども増えてきているように見受けられます．

　たとえば，文筆家でビジネス書のベストセラー作家である上阪徹は，「話す力さえあれば，高いコミュニケーション・スキルを発揮できるわけではまったくない」[5]として，むしろ「聞く力は，信頼を生み出す」と述べています．営業や取引といった，一見対人援助とは対極にあるように思われる領域でも，今や「聴く力」，すなわち「傾聴力」がますます必要な状況になってきているということなのです．

(2) 対人スキルの基盤としての傾聴

　15年ほど前のことですが，筆者はある医療専門職を対象とする研修の講師を担いました．対人援助職に必要なコミュニケーションといったテーマでしたが，私はそこで，カウンセリング理論に基づく傾聴の有効性を中心に話をしました．幸い，研修自体はそれなりに好評であったようですが，主催者側の専門職のお一人が，研修終了後に「話を聴くだけではねぇ……」といった反応を示されました．この時の私は特に反論することもなく，身体的なケアや技能を専門とする援助者には，そのように受けとられるのも無理はないのだろうかと，半ばあきらめ気分を抱くにとどまっていました．

　しかし現在では，たとえば各種認定看護師の養成研修には「カウンセリング」や「人間関係論」といった患者さんの理解や傾聴を柱とする専門的なコミュニケーションに関わる講座が配置されるようになっています．また，看護師の養成課程においても「カウンセリング」関連の科目が必修として位置づけられています．それほど，医療の現場では聴くことの重要性が認知されてきているということなのでしょう．あるいは，実践現場における「聴く力」が不足してい

るがために，コミュニケーションに不具合が生じている状況が問題になっているのかもしれません．

　また，今から12〜13年前のことですが，筆者はある自治体の社会福祉協議会から，福祉施設に勤める現任の福祉職に対するカウンセリング研修を依頼されました．日常的に相談援助を担っている現職のソーシャルワーカーを対象にあらためてカウンセリングの方法について研修を行うことに，筆者は当初少なからぬとまどいを覚えていました．正直なところ，少し怖気づいていました．

　しかし，実際に面接場面を想定したロールプレイ等をプログラムに取り入れて実施してみたところ，ほとんどの参加者が演習形式の体験学習に積極的に取り組まれました．また研修終了後，気づきや得るところが多かったとの感想を多くいただきました．

　現場で活躍する福祉専門職の方々の多くが，意外にも面接方法や傾聴のスキルについて，資格取得後や就職してからはまとまった学びの機会がほとんど持てていない，ということを語られました．一方で，利用者やそのご家族とのコミュニケーションのあり方について，疑問やとまどいを感じているワーカーの方も少なからずおられるということがわかりました．そこでも，学び直したいというニーズの最も高いコミュニケーション技法として，利用者との良好な関係を築くことやそのための傾聴の方法が挙げられていました．

　これらのように，医療や福祉といった，高度な専門知識を有する対人援助においても，「人とうまくかかわる能力」の基盤となる「聴く力」の習得が，あらためて今日的な課題になっています．むしろ専門職だからこそ，その習熟度が試される状況にあるといえます．

　近年，「コーチング」や「アサーション」といった対人援助に関連するコミュニケーション技法が注目を集めており，さまざまな対人援助の分野でも習得のための研修等が盛んに行われています．また，医療や福祉の現場には「マネジメント」「リーダーシップ」といった組織の運営・管理にかかわる手法が種々採り入れられています．対人援助場面における新たな実践のコミュニケーション・スキルも，その基盤にはやはり「聴く力」による良好なコミュニケーションの実現が不可欠であると考えられます．

　なぜなら，人は理屈として正しいと思われることよりも，自分のことをしっかりと受けとめ，話を聴いて理解しようとしてくれる人の言うことによって動かされるものだからです．読者の皆さんにも，「この人の言うことだから」ということで試してみようと思ったことがあるのではないでしょうか．

　さらに自身の話すことをしっかりと聴いてもらうことを通して，話し手の心にはさまざまな「気づき」がもたらされることがあります．そのことによって，課題解決や目標達成に向けたモチベーションが高まり，実際の行動に取りかかる力を得ることができるようになる可能性も増していくといえます．

CASE ①　　聴くことの効用　「ちょっと奥さん，聴いてよ！」

　Ａさんは30代半ばのママさん介護士．子どもを学校に送り出し，久しぶりにのんびりした休日を過ごしていました．午前中の家事がひと段落し，お茶でも飲もうとした矢先のことでした．近所で有名な話好きの時友さん（仮名，以下同じ）から突然電話が掛かってきたのです．その第一声が「ちょっと奥さん，聴いてよ！」でした．

　かつては「主婦の長電話」などといわれたものですが，時友さんからの話は一方的なもので，これまた近所の主婦園田さん（仮名，以下同じ）とのちょっとしたトラブルに関する内容でした．時友さんは園田さんとのやりとりでよほど不快な思いを抱いたらしく，園田さんへの不満とグチを間髪もいれずにまくし立てたそうです．

　Ａさんにしてみれば出会い頭に災難に遭ったようなもので，ほとんど何も言えないまま，ただ話の流れを追っていくことで精いっぱいだったといいます．

　本当にどうしたものかと困惑していると，突然時友さんが，「あー，すっきりした．聴いてくれてありがとう．ではまた」と言って電話を切ったそうです．

　Ａさんはしばらくの間，茫然としてしまいました．

　これは，Ａさんが戸惑って何も言えないまま，結果として時友さんの話を批判することなく聴いた（聴かざるを得なかった）ことが傾聴と似たやりとりとなり，「功を奏した」ケースといえるでしょう．それにしても，Ａさんにとっては気の毒な話ですね．

(3) 3つの「きく」

本書ではここまで，話を「きく」という場合，「聴く」と「聞く」という2つの漢字による表記を使ってきています．では，両者にはどのような違いがあるのでしょうか．また，対人援助においては「傾聴」という言葉がよく使われていますが，そこでいう「聴く」とは，一体どのような在り様のことをいうのでしょうか．

たとえば，カウンセリングの面接場面において，援助者であるカウンセラーは，どのようにクライエント（利用者）に寄り添い，そしてクライエントの話を聴いていけばよいのでしょう．ここではそれぞれに異なる漢字3つによる「きく」の意味を対比しながら，傾聴の意義について見てみたいと思います．

白石大介は，対話における「きく」という漢字には「訊く」「聞く」「聴く」の3つがあるとして，それぞれの意味の違いについて説明しています[6]．

まず，「訊く」という言葉は，言偏がついているように，言葉でいろいろとたずねるとか質問するということを意味しています．しかし，あまり矢継ぎ早に訊きすぎると，クライエントの反感や反発を招きかねないので注意する必要があるとしています．

とは言え，看護師などの医療職ならば，バイタルサイン（生命兆候：Vital Signs）における意識状態をはじめ，食事や服薬についての確認は不可欠の職務であり，もしも確認を忘れば患者さんの命に係わる事態に至りかねません．それはソーシャルワーカーなどの福祉職にとっても同じで，利用者の生活状況を把握しておくことは業務上必須のことといえます．

ただ，事実確認や「はい」「いいえ」で答えられる質問（閉ざされた質問）[7]が度重なると，訊く人と答える人の間に気まずい雰囲気が生まれてしまいます．被援助者の側からすれば，ともすれば「詰問」や「訊問」を受けているような圧迫感を抱くこととなり，援助者に対して心を開くことが拒まれる結果になりかねません．援助において必要となる対象者への確認も，そのために問い，「きく」方法について援助者による工夫が必要となりそうです．ちなみに「訊く」を英語にすれば，Ask や Inquiry という単語に訳されます．

つぎに，「聞く」ということは，クライエントの言っていることをたんに耳

で聞き，事務的機械的に対応するといった，いわば物理的な情報への反応になっ
ていることを指します．今ではあまり考えられないことですが，かつて役所の
窓口での対応は，まさに「聞く」だけという感じの素っ気ないものでした．な
かには聞いているのかどうかもわからないうちに，他部署に「たらい回し」さ
れるということもありました．今昔の感に堪えない，という感じがします．「聞
く」は英語では，Hear に相当します．

　そして，「聴く」という言葉ですが，これは「心」という字が入っているよ
うに，相手の言わんとすることを心で受けとめ，心で返すという意味が含まれ
ています．つまり，「からだで受けとめて聴きなさい」などといわれるように，
話の知的な理解だけではなく，その背景にある感情を受けとめ理解することが，
まさに「聴く」ということの意味になるのです．

　少しこじつけ気味にいうなら，「聴」という漢字は，耳偏に14の心と書きま
す．また，分解すると，「耳」＋「目」＋「心」ということになります．それ
だけ，視線や心（関心）を向けて，相手の話にしっかりと耳を傾けなさいとい
う意味が込められているということなのかもしれません．英語では，Listen に
相当します．

　上記のように，同じ「きく」という言葉にも，じつは異なった3種類の機能
があることがわかります．先に触れた対人援助の面接をおしすすめていくうえ
で，クライエントを支援する際に必要な質問事項があって，いろいろと尋ねた
り訊いたりする必要もあります．しかし，いきなりいろいろなことを質問攻め
にしては，クライエントとの信頼関係は決して築けません．

　ときには，クライエントのいうことを聞き流すこともあるかもしれません．
しかし，いつも耳だけで反応していたのでは互いに心が開かれた対話にはなり
ません．真の対話とするためには，いかに聴き上手になるか，ということが重
要なポイントになるのです．

　では，対人援助の面接において，援助者は何を「聴く」のでしょうか．それ
は，もちろんクライエントが聴いて欲しいと思っていることです．ただし，そ
のことをクライエント本人が気づいていないこともあります．したがって，ク
ライエントの表面上の言動にまどわされることなく，冷静にクライエントが真

に望んでいることは一体何なのか，あるいはどうして欲しいと願っているのかといったことをまずつかむ必要があります．そして，そのクライエントが求めていることに対して，カウンセラーに限らず，専門家としての対人援助者には何ができるのかをよく検討し，見極めていかなければならないのです．

　そのためには，クライエント（利用者）が話す事柄や主訴のみにとらわれずに，その言外の意味についてもよく考慮し，言動の背景にある気持ちや感情を理解するように努めなければならないのです．

　実際に患者さんやクライエントの話を上手に聴くには，対人援助者として身につけておくべき基本的な姿勢があります．それは一般的に，受容，共感などと呼ばれている立場や態度をいいます．それらについては，次節にて詳しく述べていきます．

CASE ②　　**患者さんに年齢をきかれてムッとしたナース**

　Bさん（女性・20代前半）は，内科病棟に勤務する看護師です．看護学校を卒業してすぐこの病院に就職し，3年目を迎えています．

　後輩もでき，今年からはリーダー勤務も担うようになり，ようやく仕事に対する自信のようなものが持てるようになってきた今日この頃です．

　もともと，Bさんは患者さんのケアだけではなく，病室での日常的な会話をすることも積極的に行っていました．でも最近は，師長から「そろそろ看護師としての独り立ちを目指しなさい」という，期待とプレッシャーのこもったコメントをもらったこともあり，業務の役割と責任が少しずつ重くなってきているのを感じていました．

　実際，一年前と比べると，だんだん余裕がなくなってきている自分に気づくこともしばしば経験するようになりました．

　そんなある日，病室の巡回をしていると，入院患者の塚口さん（男性・70代後半）（仮名，以下同じ）から，「看護師さん，あなた歳はいくつかな？」と突然質問されました．Bさんは忙しさで時間に追われるような気がしてあせっていたこともあり，つい「そんな個人的なことには答えられません」と強く言ってしまいました．

　そのことがあってから，Bさんに対する塚口さんの態度が少しよそよそしくなり，以前よりも距離を感じるようになりました．

　それから一週間ほど過ぎ，Bさんが夜勤に就いた日のことでした．同僚で先輩のCさん（女性・30代）から，先日Cさんが深夜帯の勤務をしていたとき，「塚口さんからあなたとのことを聞かされたわよ」と言われました．

　それによれば，塚口さんには遠方で暮らしている孫娘がおられて，じつはBさんに面影や雰囲気がよく似ているのだということ．そこで，Bさんに対して孫娘のような親近感を覚え，つい気やすく年齢を訊いてしまったとのことでした．そして塚口さんは，Bさんに失礼なことをしたと申し訳なく思っておられる様子だったと教えてくれました．

　Bさんは C 先輩からの話を聴き，「しまった！」と思うと同時に，塚口さんに悪いことをしてしまったと後悔の念を抱きました．そして，塚口さんからの問いかけを受けとめ，その意味や背景にある気持ちを理解しようと努めるべきだったと反省したのでした．

　このような場合，もしもあなたがBさんの立場なら，患者さんにどのように対応しますか．

《2》カウンセリング理論による信頼関係づくりの効用

(1)「聴く」からはじまる信頼関係

「聴く力」によって，コミュニケーションがうまくいくとか，人間関係が良くなるといわれるのは，一体なぜでしょうか．それは，相手の話を聴く姿勢でかかわることによって，何よりも信頼関係が築きやすくなるからです．そして，お互いの間に信頼関係が生まれることによって，安心感が生まれることになります．相手とともに居ることへの安心感があってこそ，人は初めて自分の心を開き，思うままを話すことができるようになるのではないでしょうか．

　初対面の相手と話をするのは，誰でも何がしかの緊張を覚えるものです．相手がどのような考えをもっているのか，性格はどうなのか，私の気持ちを受けとめてくれるのだろうかといった，さまざまな思いが瞬時に心のなかをめぐります．そこでは，お互いに相手の心を探り合いながら，少しずつ共有できる話題を提示し，対話が進んでいきます．

　しかしながら，患者への問診やカウンセリングの初回面接といった，対人援

助における援助者と被援助者（利用者，クライエント）の出会いでは，日常の人間関係のような手順やペースとは異なったプロセスで信頼関係を築いていくことになります．とくに患者をはじめ，援助を受ける側からすれば，相手は専門家であるという認識による気持ちの保障があるにせよ，出会って間もない見ず知らずの人に自分の悩みや苦しみを打ち明けることは，それなりの決意とエネルギーを要することは想像に難くありません．

　その意味では，対人援助者には，利用者との信頼関係を築くためのコミュニケーション・スキル，すなわち高度な聴く技術が備わっていなければならないということになります．対人援助の分野では，利用者との信頼関係のことを「ラポール（Rapport）」と呼んでいます．ラポールを築くところから，実質的な援助ははじまるといっても過言ではありません．

　松山真は，ソーシャルワークやカウンセリングにおける初回面接では，クライエントとのラポールを築くには，最初の15分が勝負であるとしています．15分以内にラポールが築ければその後の面接はうまく展開する可能性が高まり，逆に15分経っても十分なラポールが築けなければ，その面接は失敗に終わる可能性が高いということになります[8]．それほど，利用者との出会いの段階において信頼関係をとり結ぶことができるかどうかは，援助の成否のカギを握っているということなのです．

　逆に言えば，利用者との最初の出会いの15分間においてラポールを築くことができれば，その後の人間関係やコミュニケーションがうまくいくことにつながり，援助が成功する可能性が高まるということになります．筆者は，必ずしも初回の15分でその後の援助過程のすべてが決まるとは思いませんが，1つの重要な目安として，最初の出会いにおける利用者との信頼関係構築のポイントになると思います．

　「あの人とは相性が悪い」などと，ふだんよく耳にする言いかたですが，対人援助の関係においても決して珍しいわけではありません．そこには，利用者との間に十分なラポールができていないまま援助を展開しようとする援助者の勇み足の姿勢が垣間見えます．やはり，利用者との信頼関係をしっかりと築くことが大切です．そのための援助技術の柱となるのが，対人援助者の「聴く力」

に基づいた, コミュニケーション・スキルなのです.

(2) 対人援助の基礎としてのカウンセリング理論

　ここで, 本書におけるカウンセリングの概念を確認しておきたいと思います. ひと言でカウンセリングと言っても, じつに多くの方法があり, その拠って立つ考え方もさまざまだからです.

　一般にカウンセリングとは, さまざまな相談援助活動において, 心理的な適応上の問題に対してなされる援助過程をいいます. この過程は, クライエントと呼ばれる相談サービスの利用者とカウンセリングを担うカウンセラーとの, 主に面接場面において言語的および非言語的コミュニケーションによる相互的な心理作用を通して行われます. そのことによってクライエントの抱える問題を解決し, パーソナリティや行動の変容を試みるのです[9].

　先述のように, 具体的な方法には, 種々のバリエーションがあり, その拠って立つ理論によって実践方法も異なります. ただ, いずれの場合にも共通しているのは, カウンセラーがクライエントとの間に信頼関係に基づく専門的な対人関係を確立し, クライエントが自己理解を深め, 望ましい態度や生き方が実現・維持できるように援助していくところに特徴があることです.

　カウンセリングの活用される領域はじつに幅広く, 医療や福祉の分野だけではなく, 家族カウンセリング, 結婚カウンセリング, スクールカウンセリング, 産業カウンセリングなどと多岐にわたっています. また, いわゆる心のケアを中心とした専門分野に限らず, カウンセリングは対人援助にかかわる領域全般において活用されている理論および技法だといえます.

　したがって, 心理療法などを行う専門カウンセラーだけではなく, 親や職場の上司をはじめ, 医療職や福祉職はもちろん, 教師や警察官も含めて, 他者の人生や生活の援助に関与する立場の人々すべての役に立つ援助法ということになります. そう言えば, かつて, 化粧品会社のテレビ CM で「カウンセリングの○○○○ (会社名)」というキャッチコピーを掲げていたメーカーがありました. 今やカウンセリングという言葉は, とても身近なものになっているようです.

　実際にカウンセリングを行うには，カウンセラーとして身につけておくべき基本的な姿勢があります．それは一般的に，受容，共感などと呼ばれている立場や態度をいいます．

　代表的なカウンセリングの理論については，あらためて第 3 章で紹介します．ここでは，その 1 つである来談者（クライエント）中心療法の創始者ロジャーズ（Rogers, C. R.）による，聴き手に求められる姿勢について簡単に述べておくことにします．ロジャーズは，クライエントのパーソナリティ変化，すなわち治療過程が生じる条件のうち，治療（援助）者側の主な要件（「中核条件」とも呼ばれる）として以下の 3 つをあげています．

　　① 治療者は，クライエントとの関係の中では内的な自己が一致しており，
　　　　統合されていること（純粋性）．
　　② クライエントを尊重し，無条件の肯定的な関心を示すこと．
　　③ クライエントへの共感的理解を行うこと．

　上記の各項目について，少し説明を加えておきます．①は，治療者（聴き手）に求められる最も基本的な態度条件とされています．聴き手であるカウンセラーは，何よりも自分に忠実でなければなりません．それはうわべを飾ったり，表面的な偽りやみせかけの態度ではなく，純粋な（Genuine）心境になるということです．そのことによって，クライエントとの間に信頼関係を築くことができ，真の援助的関係が成り立つのです．

　また②における無条件の肯定的な関心とは，いわゆる「受容」の概念とほぼ等しいものです．すなわち，クライエントの表現した感情や態度が，たとえどのようなものであっても，カウンセラーは批判や非難をすることなく，そのままの姿，つまりクライエントの一部として受け容れることをいいます．ただしそれは，クライエントの話す事柄や意見に同調することではなく，あくまでもクライエントの感情を受容しながら積極的な関心を抱くということです．

　③の共感的理解の共感は英語では Empathy と表記されますが，これは「感情移入」とも訳されます．一般的な他者理解のあり方は，たとえ同情であっても客観的な立場からなされます．それは言い換えるなら，評価的な見方による

外側からの理解といえます．いわゆる「対岸の火事」という言いかたに近いものです．一方，共感的に理解するとは，相手の立場にたって，その内側から理解することを意味しています．そのことによって，あたかも (as if) クライエント自身が感じているかのように相手を理解しようとするのです．

　ロジャーズの理論は，カウンセラーがこれらの態度によって面接に臨むことにより，クライエントのパーソナリティに変化が起こり，成長が促され，自ら立ち直っていくというものです．ここでも，聴き手のかかわりの中心は，信頼関係に基づいた親密なコミュニケーションといえます．

(3) 対人関係を円滑にするアクティブ・リスニング

　「聴く」ということについて，もう少し詳しく述べたいと思います．対人援助者の「聴く力」に基づいた，コミュニケーション・スキルとは，すなわち「傾聴」の技法のことを意味します．傾聴とはカウンセリングの分野では，英語で「アクティブ・リスニング」(Active Listening) といいます．

　アクティブとは，能動的あるいは積極的という意味です．しかし，話を聴くとは，話し手が多くの言葉を発し，それに比べて聴き手は言葉数が少なく，どちらかと言えば受け身の姿勢で対話に臨むといったイメージが強いのではないでしょうか．実際，専門的なカウンセリング面接では，一般にクライエントの方が発する言葉の数が多く，8割以上を占めている場合が多いとされます．逆にカウンセラーが喋りすぎると，カウンセリングはうまくいかないケースが多いのではないかと思われます．

　では，「アクティブ・リスニング＝能動的な聴き方」のアクティブとは，どのようなことを意味しているのでしょうか．それは，言語による相手への働きかけという意味での積極性ではなく，相手の話すことにひたすら関心を向けて，じっくり耳を傾けて聴くという意味での「アクティブ」な姿勢だといえます．

　鈴木秀子は，アクティブ・リスニングについて，「相手の言うことを，否定も肯定もせず，ひたすら共感をもって受けとめてゆくのである．相手の気持ちに寄り添いながら，相手が自分の力で出口にたどりつくまで，全身を耳にしてついてゆくのだ」[10]と説明しています．そして，アクティブ・リスニングにおい

て必要となる「聴く」能力は，次の2点に集約されると述べています.[11]

　①話し手が語る事柄の内容と重要さ，特に気持ちを的確にとらえる能力.
　②聞き手がとらえた内容と重要さ,気持ちを的確に話し手に伝え返す能力.

　いずれにおいても，「聴く」とは，相手の気持ちを受けとめる（受容）ことがポイントとなるのです.また上記のうち，②の伝え返すことをカウンセリングでは「フィードバック」と呼んでいます.この言葉の本来の意味は，牛などの草食動物が一度のみこんだ食物を，再び口にもどして噛む「反芻」に由来しています.傾聴における「フィードバック」とは，相手の表情・態度・会話内容を受けとめ，その話す内容に沿って「事実」「感情」「意味」を返してあげる「鏡の役割」（ミラーリング）をすることなのです.

　したがって，聴き手に求められる態度としては，まずは話し手が話したくなるような雰囲気をつくることに努めることです.つぎに相手を受容し，話される内容を共感的に理解しようとすることで信頼関係が築かれていきます.ここでいう共感とは，もちろん相手の立場になってみることです.そして，相手が感じているように自分も感じられるよう努めることを意味します.

　その際，語られる内容が他の人と似通っていたとしても，人それぞれの経験はその人固有のものであるととらえ，一人ひとりを尊重することが大事です.このことを「個別化」[12]といいます.人によって置かれている状況や物事を受けとめる観点，価値観がそれぞれに異なっているものだからです.

　相手の話す内容を十把一絡げに扱った瞬間，信頼関係は崩れるといっても過言ではありません.日本を代表する臨床心理学者の河合隼雄（1928-2007）も，個人を大切にする臨床の大切さを述べていました.[13]そのためには，誰もが「かけがえのない存在」であるという認識を，私たち対人援助者があらためて確認する必要があります.

　1人ひとりを大切に扱い，相手の話にしっかりと耳を傾け，受容・共感の姿勢で聴きながら適切な「フィードバック」を行う.これら一連のことが実現できれば，アクティブ・リスニングは成功し，円滑な対人関係が実現する可能性が高まるといえます.そのことによって，話し手は，自分をよく理解してくれ

ていると感じ，聴き手を信頼し，さらに話をしようという気持ちが強くなっていくことでしょう．

　対人援助における傾聴のさらなる効用，カウンセリングにおける代表的な理論，そして，より具体的な傾聴の技法などについては，第3章および第4章にて詳しく述べたいと思います．

《3》対人援助職（聴き手）に求められる倫理

　本章の最後に，対人援助職に必要な倫理について少し触れておくことにします．本書の読者の多くは，対人援助専門職の有資格者ではないかと思います．各専門資格の認定機関や職能団体では，倫理綱領を定めていることが多く，専門職はそれを遵守することが求められています．

　たとえば，看護師には日本看護協会が2003年に定めた「看護者の倫理要綱」が，ソーシャルワーカーには社会福祉専門職団体協議会・倫理綱領委員会が2005年に採択した「ソーシャルワーカーの倫理綱領」などが，臨床心理士には日本臨床心理士資格認定協会が1990年に指定した「臨床心理士倫理綱領」(2013年改定) があります．

　ちなみに，倫理綱領とは，専門職集団が自発的な意思に基づき，目指すべき目標を明確にし，専門職として従うことが望ましい価値態度や従うべき行動規範・義務を明文化したものです[14]．専門職集団は倫理綱領をもつことによって，専門職としての社会的承認を得るだけではなく，自らの専門性の維持・向上につながるといえます．また，種々の専門職集団が定める倫理綱領の多くが，人権の尊重を基幹部分に位置づけており，原則，利用者との関係，行政・社会との関係，専門職としての責務といった，共通する項目により構成されているようです．

　ここでは「聴き手」としての対人援助職が，とくに本章で述べた「利用者との関係」における対人コミュニケーションとの関連で重要となる職業倫理について，以下の5点に絞って挙げておくことにします[15]．① 一人ひとりを人間として尊重する，② 秘密を守る，③ 相手を傷つけない，④ 受容・共感の姿勢で

かかわる，⑤ 相手の自己決定を尊重する，です.

　読者の皆さんは，これらのことは対人援助職としては「あたりまえ」のこととして自分は身につけていると思われていることでしょう．しかし，次章で述べていくように，「あたりまえ」という認識は時として「思い込み」に転じ，意外なところに落とし穴を掘ってしまうものです．そのことに気づくことが重要となり，対人援助者としてのさらなる成長につながる可能性を生むのです.

注

1 ）　村本邦子「はじめに」，村本邦子・土田宣明・徳田完二・春日井敏之・望月昭編『対人援助学を拓く』晃洋書房，2013年，pp. i –ii では，「『対人援助』という用語は，1980年代より社会福祉の領域において現れ，1990年代，看護，医療，心理，教育の領域でも拡がりを見せた」とされている.

2 ）　医師の他にも，教師や親など，強い立場にある者が，弱い立場にある者の利益になるようにと，本人の意思に反して行動に介入・干渉すること．父親的温情主義，家父長主義などと訳される.

3 ）　1970年代にアメリカのジャーメイン（Germain, C. B.）らによって提唱された概念．システム理論から導き出された生物体の論理を，人間と環境との相互交流としてとらえ，新たな援助実践のあり方に適応したもの．生態学的視座との関連が深い.

4 ）　篠田道子『多職種連携を高める――チームマネジメントの知識とスキル――』医学書院，2011年，pp. 22-24.

5 ）　上阪徹『会話は「聞く」からはじめなさい』日本実業出版社，2012年，p. 16.

6 ）　白石大介『対人援助技術の実際――面接を中心として――』創元社，1988年，pp. 50 –52.

7 ）　質問には「開かれた質問」と「閉じられた質問」があり，面接などの進行に役立てるには，状況に応じて使い分ける必要がある．これらの面接技法については，第4章にて詳述する.

8 ）　松山真監修・指導『ビデオ　信頼関係を結ぶ面接技術　第1巻　初回面接での信頼関係の確立』ジェムコ出版，2000年.

9 ）　岩崎久志「カウンセリング」，黒木保博・山辺朗子・倉石哲也編『福祉キーワードシリーズ　ソーシャルワーク』中央法規出版，2002年，pp. 36-37.

10）　鈴木秀子『心の対話者』文藝春秋，2005年，p. 19.

11）　同上書，p. 135.

12）　アメリカの社会福祉学者バイスティックは，対人援助職の行動規範として「ケースワークの7原則」を提唱した．その1つ目が「個別化の原則」で，クライエントの抱

　える困難や問題は，どれだけ似たようなものであっても，人それぞれ問題であり，同じ問題は存在しないとする考え方が示されている．バイスティックの原則については，第4章にて詳述する．

13)　河合隼雄『臨床教育学入門　子どもと教育』岩波書店，1995年，など．

14)　久保美紀「倫理綱領」，成清美治・加納光子編『現代社会福祉用語の基礎知識』学文社，2001年，p. 233.

15)　「聴き手」に求められる倫理を抽出するにあたり，金沢吉展『カウンセラー――専門職としての条件――』誠信書房，1998年を参考にした．

参考文献

池見陽『心のメッセージを聴く――実感が語る心理学――』講談社，1995年．

財団法人メンタルケア協会編『人の話を「聴く」技術』宝島社，2006年．

鈴木絹英『「傾聴」話し上手は聴き上手』日本文芸社，2006年．

東山紘久『プロカウンセラーの聞く技術』創元社，2000年．

望月昭・サトウタツヤ・中村正・武藤崇編『対人援助学の可能性――「助ける科学」の創造と展開――』福村出版，2010年．

コラム 1　こころの荷物をおろすとは

　あなたは，重い荷物を背負ってハイキングをしているとします．もう，かれこれ 2 時間近くも歩き続けているでしょうか．全身から汗が吹き出て，足どりも重くなってきたのが実感されます．疲れがどんどん溜まってきています．

　そんなとき，あなたはどういう行動をとりますか？　気合いで乗り切る？　ほとんどの人は，とりあえず立ち止まって，少しでも休憩をするのではないでしょうか．

　まずは背中の荷物をおろし，深呼吸でもしながら背筋を伸ばす人も多いことでしょう．たとえゴールは遠くても，いったん荷物の重さから解放されて休むことで，また新たな気力とやる気が湧いてくることでしょう．

　それほど，適度な休憩を取ることは大切であり，新たな活力の源となります．では，こころが疲れたときはどうすればいいのでしょうか？　じつはこころも体と同じように，いったん荷物をおろして休憩することが必要になります．

　とはいえ，「こころの荷物なんて見えないし，それ以前にこころがどこにあるのかもわからない」と言われてしまいそうです．

　確かにこころがどこにあるのかは分かりません．今日の脳科学の発達を考えると，こころは脳の働きだと言う人もいるでしょう．また，こころのことを「ハート」と呼んだり，昔から「胸が痛い」という言いかたがあるように，こころは胸部のあたりにあるとも思われています．

　さらに，心身症の症状に見られるように，こころと体が密接につながっている場合もあり，「心身一如」なんて考え方もありますね．いずれにしても，現在の科学知識をもってしても，こころの在り処は確定できないようです．それでも，こころの荷物をおろすことはできるのです．それは，話すことです．

　つまり「話す＝離す，放す」という効果が生じて，こころがスーッと楽になることにつながります．もちろん，話す相手は選ばなければなりません．第一にあなたの気持ちをしっかりと聴いてくれる人，そして，秘密を守ることができる人であることが必要です．

対人援助専門職としての基本

第2章

《1》対人援助者に求められる自己覚知の重要性

(1) しっかりと「聴く」ために

　対人援助職に必要なコミュニケーション技術とは,「人とうまくかかわる能力」であること,またそのための基盤となるのが「聴く力」であると,第1章で述べました.そのことによって,相手との信頼関係を築くことができ,良好なコミュニケーションが実現するということです.

　では,しっかりと「聴く」ためには,どのようなことを身につけなければならないのでしょうか.じつは,最初にやるべき大切なことは何かを身につけることではありません.「聴く」ためのスキルにはいろいろな方法があり,種々のコミュニケーション関連の入門書などには,そのためのノウハウの紹介や解説がされていたりします.しかしそれらのことよりも,それ以前にやらなければならないことがあります.それは,「自分を知る」ことです.

　「汝自身を知れ」とは,ギリシアのデルフォイの神殿に刻まれた言葉で,哲学者のソクラテスがよく使っていた格言だそうです.あまりにも遠い次元の話に思えますが,たとえ哲学者でも自分自身を完全に知るなどということは無理でしょう.「自分を知る」の自分とは,心理学的には「パーソナリティ特性」や「行動特性」となりますが,ここでは自分の「こころのクセ」を知るといった感じで理解していただければよいでしょう.

　たとえば,ふだん自分が他者のどういった言動に対して不快な思いを抱くのかを意識し,その経験を通して自分自身がどのような価値観や心の特性を持っ

ているのかに気づいておく，というような作業をいいます．そのことによって，自分が良好な人間関係を取るうえで不都合となる「こころのクセ」を知ることができます．

　このような「こころのクセ」とは，自分のなかに刷り込まれた考え方や価値観であり，主に育ちのなかで長年にわたって形成されてきたものです．したがってそれに気づいたからといって，すぐに変えられるというものではありません．まさに「三つ子の魂百まで」とはよく言ったものです．それでも，「こころのクセ」を知ることによって，自分の態度や感情の動きを客観的にみることが少しずつできるようになってきます．

　自分自身を知り，自分の「こころのクセ」に気づくことを，対人援助，特にソーシャルワークの分野では「自己覚知」といいます．相手の話を受容・共感し，しっかりと気持ちに寄り添って聴くためには，ある程度の自己覚知ができていなければ，自分の「こころのクセ」が影響して対話に歪みが生じてしまい，信頼関係を築くことができなくなることがあります．

　自己覚知はとても重要なことなので，ここでその意味をしっかりとおさえておきたいと思います．正式には，下記のような定義となります[1]．

> 　自己覚知 (Self-Awareness) とは，援助者が，利用者や協力者など他者を理解しようとするときに，自らの価値観 (基準)，感情，私情などが働いて，ありのままの他者を理解する妨げになることがある．援助関係を適切に展開していくには，援助者自身の個性，性格，能力，言動の傾向を的確に知り，偏見，先入観や感情的反応などを持ち込んだ援助活動を行わないように心がけねばならない．この援助者自身の傾向を知ることが自己覚知である．

　このように，自分自身についての傾向や特徴を見出す作業こそが自己覚知なのです．この作業のためには，自らの人生と生活体験を振り返っていくことが必要になります．それらの個人的な経験をとおして，援助者自身にかかわるさまざまな特性や事柄が形成され，今に至るまで維持されてきているからです．対人援助者としての自分がどのように形成されてきたのかという，自己のス

トーリー（成育歴や生活歴）を知ることは，とくに援助専門職の養成教育のなかでは重視されています．

　また，自己覚知によって，それまで自分を縛っていた「とらわれ」を自覚するとともに，洞察していくことになります．その過程をとおして，「とらわれ」から解放されることができます．したがって，自己覚知を促すこと自体が，悩みや問題を抱えている人の援助としても有効な手段となるのです．本来，人は悩みや心のしんどさを抱えているとき，誰かに聴いてもらうだけで気持ちが落ち着き，新たな力が湧いて問題に立ち向かっていけるという性質を備えています．

　たとえば，カウンセリング面接などの援助場面において，カウンセラー（援助者）はクライエント（利用者）の人生体験やそれについての思いを聴くことをとおして追体験し，受容・共感しながら気づきを促していきます．クライエントが自ら課題に気づくことで，解決への援助が始まるのです．このように，対人援助のコミュニケーションでは，利用者が自身のことや問題解決について気づく機会をつくろうとします．利用者の立場からみれば，援助者との対話をとおして自分の問題を発見し，問題解決への取り組みを始めるようになる，というわけです．

　話題を援助者の自己覚知に戻しましょう．援助者が利用者の語ることに耳を傾け，利用者の内なる可能性や問題解決に向けた能力を向上させるためには，自己覚知の作業をとおして，自身が日常生活で重んじている考え方の特徴や行動様式などを点検・吟味しておく必要があります．さらに，そのプロセスで分かった自分の価値観や行動特性を，一貫した特徴として認識していることが大切です．そのことによって，自分とうまくつき合うことの基盤ができ，そこから他者との良好なつき合いにつながっていくからです．

　他の誰かとうまくつき合える人は，それ以前に自分自身ともうまくつき合えている人だといえます．そのためにも，自分のことをよく知ることが必須となります．人間関係が苦手という意識をもち，研修やセミナー等を受講して上手な話術やコミュニケーション・スキルを身につけようとする人がいますが，それ以前にまずやるべきなのは，自分とうまくつき合うための努力なのです．

　自分とうまくつき合うとは，自分で自分を受け容れることができ，自分のあり方を認められるということです．そのことを「自己受容」といいます．自分を受け容れることができれば，自分を素直に表現することができるようになり，他者とも開かれたかかわりのなかで，自他ともに認め合える関係を築きやすくなります．

　私たちは，それぞれに独自の価値観を持っています．そして各人の価値観には，その人が歩んできた人生や生活における種々の出来事が影響しています．また，社会状況や風潮によって影響を受けていることもあります．それらによって，その人の価値観はその人固有のものとなり，自分の物差しとして，周囲の人やその生活を評価することになります．この物差しとは，別の言いかたをすれば心の「フィルター」としてもいいかもしれません．自分なりのフィルターをとおして物事を判断するというわけです．

　それは対人援助者にとっても同じで，とくに援助者は利用者とのかかわりにおいて自分の物差しで相手を量ろうとします．しかしそれは，ときに先入観や偏見となって利用者のことを判断してしまい，その後の援助に悪影響を及ぼすこともあります．援助者は自分自身の価値観についてよく知ることに努め，自分の物差しについての吟味を深める必要があります．

　そのうえで，利用者はどのような物差しを持っているのかを把握し，それに対して理解を示すことが大切になります．要するに，援助者は援助の場面において，自分自身の価値観にとらわれず，利用者の価値観や感情を柔軟に受けとめ，理解するように努めることが求められます．そのことができて，ようやくしっかりと「聴く」ための姿勢が身につくというわけです．

(2) 感情労働としての対人援助

　それぞれの人の価値観は，その人が歩んできた人生や生活上での出来事が影響しており，社会状況や風潮によっても影響を受けていることもあるといいました．ここで述べる「感情労働」という言葉も，ある意味では社会や時代の状況がもたらした産物と言えるように思います．

　感情労働とは，人を相手にした状況で，職務上適切な感情を演出することが

求められる仕事のことです．そのため，感情労働に従事する者は，相手が望んでいる満足感や安心感を与えるように務めたり，不安感を解消させるために，自分や他者の感情をコントロールすることが求められます．看護や介護といった対人援助の仕事は，助けを必要とする人たちを相手にした，細かな配慮が必要な，感情労働の代表のような仕事といえます．

　もともと，感情労働（Emotional Labor）という概念は1970年代にアメリカで誕生し，客室乗務員（キャビンアテンダント）の調査研究をまとめた社会学者，ホックシールド（Hochschild, A. R.）の『管理される心——感情が商品になるとき——』によって知られるようになりました．感情のコントロールという点では，たとえば客室乗務員は，身勝手でわがままな乗客に対しても笑顔で感じよく応対することが求められる，といったことです．

　しかしその場合，自分の本当の感情と仕事をする際に表出すべき感情には隔たりやズレがあるにもかかわらず，仕事中には前者の感情を無理に抑えていることになります．ホックシールドの本が出版されたのは1983年ですが，彼によれば，この当時はアメリカの労働者の3分の1が，また働く女性に限定すればじつに約半数が，実質的に感情労働を要求されるような仕事についていたと指摘しています．感情労働の問題は，社会学だけではなく，心理学，精神医学，労働問題など多岐にわたる幅広い領域にかかわるテーマといえます．日本では，その後，感情労働は看護や介護の分野において研究が積み重ねられています．

　それ以外にも，人を相手にした仕事として，感情労働が要求される職種には，保育士，ソーシャルワーカー，医師，弁護士などが挙げられます．これらに共通しているのは，どれも，困っている人間の悩みに寄り添う仕事，つまり対人援助職ということです．さらに近年は，客と対面してものを売る販売員，レストランなど飲食店の接客業，あらゆる窓口業務，企業の営業職や苦情処理係などにも当てはまるようになってきているといえます．

　日本で感情労働が社会のさまざまな場面で見受けられるようになった背景には，サービス産業の拡大とともに，長引く不況とそれにともなう競争の激化，成果主義の導入，雇用不安，企業のコスト削減など，個人の仕事量が増え，人々に気持ちの余裕がなくなってきたことがあると思われます．そのような状況で

は，働いている人は，仕事に，自分という人間の全てを投入しなければならなくなります．

　そうなると，プライベートな生活までも巻き込んで，人々は自分の仕事力を上げようと努力することになります．ところが，そんな自分が評価される機会は，現代社会ではすでに減ってきています．今や従来からあった職場内での人間関係の悩みに加えて，感情労働的な気持ちのコントロールも強いられるため，かえってより多くのストレスを抱えることになりかねない状況にあります．それは過剰な感情労働ともいえます．

　感情労働に絡む問題が身近になってきたことやその広がりといった現象を，岸本裕紀子は「感情労働シンドローム[4]」と名づけています．日本でこういった現象が顕著になってきたのは，2000年頃だそうです．怒り，違和感，いらだち，やりきれなさ，虚無感，焦燥感，不安感といった，感情労働にともなうネガティブな感情にとらわれすぎると，本来の仕事がおろそかになったり，精神的に消耗したり，心の傷として残ったり，さらには肉体的な疲労と重なってメンタルヘルスを損なうことにつながる場合もあります．

　水谷英夫は，さまざまな感情労働の実態について紹介しています．そのなかで，対人サービスを主たる業とする人々，いわゆる「ケア Care」労働に従事する人々の代表例として，看護師を挙げています．そこでは，看護師は比喩的に「白衣の天使」などと呼ばれてきましたが，このような比喩は，看護師が患者のケアに献身的に貢献する，善意に満ちた「良い人」のイメージを反映するものであったからと指摘しています．また，今日ではここまで通俗的な比喩を用いることは少なくなってきたものの，いまだに無限定的な献身を看護職に要求しがちであり，看護師は職務における専門技術のみならず，患者に対する感情的配慮を主たる職務内容にする職種として認識されているケア労働であるとしています[5]．

　医療や福祉の対人援助者の他にも，ケア労働に従事する人がいます．近年，教育界でも，うつ病をはじめとした教員の「メンタルヘルス（心の健康）不調」が深刻な問題となってきています．文部科学省の調査によると，平成29年度に精神疾患により病気休職した公立学校の教員は5077人で，平成19年度以降，5000

人前後で推移しています．休職者は若手だけではなく，ベテラン教師にも広がっており，年代を問わない状況となっています[6]．

　教師も，今やメンタルヘルスを保つのが難しい職業といえます．学校での指導は，常に児童・生徒の感情を受けとめつつ，自らも働きかけなければならないため，休みなく感情をコントロールすることが求められます．その点では，教師も，対人援助職や企業のクレーム処理担当と同様に「感情労働」の1つといえます．

　感情労働によるストレスを軽減するためには，どのような方策が必要となるでしょうか．水谷は，感情労働と労働場面の関係について，良好な職場を目指すという観点から，職場におけるマネジメントの重要性に加え，「コミュニケーションの豊かな職場環境」の実現を提言しています[7]．そこでは，職場における「心の病」の増加の原因として，「職場でのコミュニケーションの機会の減少」「職場での助け合いの減少」「個人で仕事をする機会の増加」が深く関係していることも紹介されています．

　もちろん，職場における働く者同士の人間関係だけではなく，患者などの対人援助の利用者との関係でも，良好なコミュニケーションを実現していくことが感情労働にかかわるストレスを減らしていくことにつながるのは，言うまでもないでしょう．その点については，自分の「こころのクセ」を知る自己覚知にとどまらず，自身が担う対人援助専門職の社会的な特徴（たとえば，「白衣の天使」など，一般にどのようなイメージを持たれているのか）も理解しておく必要があるといえます．

　上記のことと関連して，自己ならびに他者から見た自己の領域が，他者とのかかわりをとおして成長していくプロセスを図解したものとして，「ジョハリの窓」（Johari Window）があります．これはアメリカの心理学者ジョセフ・ルフト（Luft, J.）とハリー・インガム（Ingham, H.）が1955年に発表した「対人関係における気づきのグラフモデル」で，提案した2人の名前を組み合わせたものです（図2-1）．

　ジョセフとハリーによれば，自己のパーソナリティには，①自分も周りの人も知っていること（開放領域），②自分は知らないが，周りの人は知っている

あなたのことを	自分が知っている	自分が知らない
周りの人が知っている	① 開放領域 自分も周りも知っていること	② 盲点領域 自分は知らないが, 周りは知っていること
周りの人が知らない	③ 隠蔽領域 自分は知っているが, 周りは知らないこと	④ 未知領域 自分も周りも知らないこと

図2-1　ジョハリの窓（一部改編）

（出典）Luft, J. and Ingham, H., *The Johari Window : a graphie model of interpersonal awareness*, Proceedings of the western training laboratory in group development, UCLA, Extension Office,1955.

こと（盲点領域）, ③ 自分は知っているが, 周りの人は知らないこと（隠蔽領域）, ④ 自分も周りの人も知らないこと（未知領域）があるとしています. これらを4つの面として捉え, 図に描いたものが「ジョハリの窓」です.

　他者とのかかわりやグループ体験をとおして, ① 開放領域が大きくなれば, 自己開示が進んでいることとなり, 自己理解を深めることにつながります. また, ② 盲点領域, ④ 未知領域が小さくなれば, それは周囲の人からフィードバックされているということであり, コミュニケーションがよくとれているということになります.

　自己開示とフィードバックは, 次節に述べる自分の「こころのクセ」に気づくことにおいても, 重要な働きをするといえます.

《2》 自分の「こころのクセ」に気づくために

(1)「こころのクセ」に気づくためのツール

　私たちは,他者とのかかわりをとおして自分に対する理解を深めていきます. その知識が指針となり, 自分の行動を決めていきます. それと同じように, 自分自身についても成育歴や過去の経験に基づいて捉え, その理解をよりどころとして, 自分の次の行動を選択していきます.

　自分が持っている自分自身についてのイメージやとらえ方のことを自己概念といいます．自己覚知の作業に取り組むことによって，自分はこのような人間である，このような時にこのような言動を行う，といった自己概念を学ぶことができます．自己概念は，生まれてから現在に至るまでに出会ったさまざまな経験を基につくられます．とくに，両親やきょうだいなど，その人が育った家庭の人間関係から最も大きな影響を受けるとされています．そして，自己概念を得ることには自分の成長を促す働きがありますが，反面，自分の成長を阻むように働くこともあります．

　ここでは，自分の「こころのクセ」に気づくために，自己概念を学ぶための自己覚知のワークに活用できるツールを3つ紹介します．

20 答 法

　これは俗に「20の私」と呼ばれているワークシートで，対人援助者の養成において自己覚知のツールとしてよく使われているものです．内容はいたってシンプルです．「私は，……」で始まる文章を20，ワークシート（図2-2）に書いていくのです．自分自身について思い浮かぶことを文章にします．

　どんなことでもかまわないので，自分について，あまり考えないで思いつくまま書いてみることが重要です．自分について20の文章を書き終えたら，まずは全体を見わたし，記述の内容に何か特徴があるか，あるいは気づいたことはあるかと，少し思いをめぐらせてみてください．この時点では，何か気づくことが見つかれば儲けもの，といった程度に思っていいただければ結構です．とくに何も浮かばなくても，気にすることはありません．

　つぎに，20の文章を特定の切り口で検討してみましょう．まずは，氏名や性別，年齢といった事実に関する記述か，自分の性格や好みといった内面についての記述なのかという区別をしてみましょう．それぞれどれくらいあるでしょうか．同じように，現実の自分を表現した文章と理想の自分を表現した文章の違いはどうでしょう．また，他者には言わないことでも，どれくらい正直に書いているでしょうか．

　これらの他にも，さまざまな視点で切り口を設定できるかと思いますが，ここでは筆者が研修等のワークでよく行う切り口を2つ紹介します．

ワークシート「20答法」

1 私は _____

2 私は _____

3 私は _____

4 私は _____

5 私は _____

6 私は _____

7 私は _____

8 私は _____

9 私は _____

10 私は _____

11 私は _____

12 私は _____

13 私は _____

14 私は _____

15 私は _____

16 私は _____

17 私は _____

18 私は _____

19 私は _____

20 私は _____

図 2-2 20 答 法

(注) 1. 1つの文章に2つ以上の内容を含まないようにする.
2. なるべく20すべてを完成させることが望ましいが,むずかしい場合は,最低10は完成させるようにする.

① 自分について肯定的な記述と否定的な記述に分ける．ただし，それを判断するにあたり，世の中の常識や多数派の意見ではなく，あくまでも自分自身の価値観に照らして判断すること．

② 20の文章のなかから，ベスト3を決める．ここでいうベストとは肯定的な記述から選ぶという意味ではなく，20のうち最も自分のことを表現していると思われるものを選ぶというもの．さらに，それらの3つの文章は20の文章中の何番目くらいに書かれたものか（全体のなかでの位置）を確認する．

　これらの2点について検討してみるだけでも，20の文章を漫然とながめている時とくらべて，あなたの特徴が少し明確になってくるのではないでしょうか．

　いずれにしても，ここで見えてきた特徴は，あなた独自のものであり，善し悪しはありません．たとえば①のワークで「20の私」の記述のうち，たとえそのほとんどが否定的なものであったとしても，「ああ，今の自分はこんな感じかな」などと違和感なく受けとめられるようなら，ある程度の自己覚知ができている状態だともいえるわけです．一方，いくら肯定的に捉えられる記述の割合が多くても，それが自分の実感と一致していないと思われるなら，あらためて本格的な自己覚知の作業に取り組む必要があると考えられます．

　また，②の結果は，自分らしさを探る手掛かりになるでしょう．ここで選ばれた記述は，とくにあなたの特徴をあらわしている重要なものとして押さえておくとよいと思います．また，ベスト3が20の文章の何番目あたりに書いてあったかによって，性格面だけでなく，あなたの発想法の傾向がつかめることもあります．たとえば，ベスト3のうち2つ以上が比較的早い段階のところに書いてあるなら，大切なことをいつも意識しているとともに，直観に基づいて発想することを得意とする人（直観型）だと思われます．反対に，ベスト3のうち2つ以上が比較的後の段階のところに書いてあるとすれば，じっくりと考えて結論を出す熟考型の人といえるかもしれません．

　2つの切り口で「20の私」を検討した後，もういちど全体の記述を見わたしてみてください．そこでまた，何らかの気づきがあるかもしれません．それは

それで儲けもの，という感じで終了とします．今はとくに何も気づくものがなくても，しばらく時間をおいてからあらためて眺めてみれば，また新たな自分自身の特徴が見えてくるかもしれません．

過去・現在・未来の自己

このワークはさらにシンプルなものです．過去・現在・未来という時間軸に沿った自分自身の在り様について，図2-3のようなシートの，箇条書きで思いつくままに記入していくのです．できるだけシートが記述でいっぱいになるよう，たくさん挙げてみましょう．個人で行う場合は，「自己概念」「自分の価値観」「他者との関わり」といったキーワードを念頭に置いて，自分自身の理解を深めるための振り返りに活用してほしいと思います．

また，このワークはグループで実施することも可能です．まずは上記の作業を各人が行います．ここまではあくまでも個人作業です．それが済んだら，4〜5人のグループを組み，順番に書いた内容を発表しながら，お互いに感想を述べ合うのです．その際の注意点としては，グループ内の他者に自分の書いた内容を開示するという前提でシートを書くということ，つまり他のグループメンバーに知られても差し支えないことを書くということです．そしてもう1つは，他者の書いたシートの内容および発表に対して批判はしない，ということです．

ワークの目的は，自己概念を学ぶためであることをしっかりと認識しておく必要があります．そのための自己覚知のワークですから，グループワークの場合は，お互いの対人援助者としての資質や能力を高め合うという意識を共有することが，実施するうえでの要件となります．

リフレーミング・ワーク

リフレーミングとは，ある出来事や状況の意味やそれに対する考えを捉えなおし，枠組み（フレーム）を変えることをいいます．ここでいうフレームとは，「モノの見方」の枠を意味します．したがって，リフレーミング（Re-Framing）するとは，「モノの見方」を変換することなのです．

先述のように，私たちは誰しも固有の価値観を持っており，それが自分の物差しや心の「フィルター」となって，周囲の人やその生活を評価しています．

自己理解を深めるためのワークシート

① 過去の自己　「昔わたしは○○だった」

② 現在の自己　「現在わたしは○○だ」

③ 未来の自己　「将来のわたしは○○だろう」「将来わたしは○○になりたい」

図2-3　過去・現在・未来の自己

この「フィルター」と「フレーム」とは，イメージ的にとても近いという感じがします．このワークを体験することによって，自分自身の価値観に気づくことができるとともに，その価値観と柔軟に付き合うヒントが得られるというわけです．

さて，このワークでは，図2-4のシートの，まずは番号のついた3つの行に自分の欠点あるいは短所を箇条書きで記入します．これは個人での作業です．3つの欠点あるいは短所を書き終えたら，隣に座っている人と交換します．それから，相手の欠点・短所として書かれている内容をお互いにリフレーミングし，肯定的な表現に換えて返すのです．これがリフレーミング・ワークの基本的な流れです．

ただし，相手が自分の短所・欠点として書いていることに対して，「それは短所ではなく，むしろ長所ではないの」とか「それは欠点ではない」などと，否定することはルール違反とします．あくまでも書かれた本人の気持ちを尊重したうえで，それに対して違う見方を示すのがリフレーミング・ワークのポイントです．したがって，唯一の正解というものもありません．

リフレーミングの例を挙げると，短所・欠点として「ことわるのが苦手」と記されているなら，たとえば「こころが広い」と言い換えることができるのではないでしょうか．また，「ぎりぎりにならないとやらない」という記述であれば，たとえば「瞬発力がある」とか「ドタン場で力を発揮できる」などといった肯定的な表現で返すこともできるように思います．

このワークのねらいは，何よりもリフレーミング・ワークをとおして「モノの見方」の変換について体験しながら，さまざまな価値観に対して柔軟に受けとめられる姿勢を身につけることにあります．ですから，リフレーミングによって相手の認知を変えるといった操作的なことを主眼に置いているわけではありません．むしろ物事に対する捉え方は1つではない，という多様な視点を大事にすることを学んでいただきたいのです．

コップにちょうど半分の量の水が入っているとします．「まだ半分ある」と捉える人もいるでしょう．あるいは他の人は「もう半分しかない」と捉えるかもしれません．このように，事実は同一の現象であっても，人それぞれで物事

リフレーミング・ワーク

・あなたの短所・欠点と思われることを 3 つ，下欄（上の行）に箇条書きで記入してください．

1）_____

⇒_____

2）_____

⇒_____

3）_____

⇒_____

図 2-4   リフレーミング・ワーク

の受けとめ方が異なることがよくあります．悩みを抱えている人や落ち込みがちの人は，どちらかといえば物事を悲観的に考えてしまいがちで，自分自身に対しても否定的な捉え方をしてしまう傾向にあります．

　また，自分を否定的に捉える傾向は，周囲から否定的に評価されてきたことが影響しています．それに加えて，自分もその評価を内面化してしまい，自分自身で否定的に自分を評価し，その結果「自分のことが嫌い」といった自己概念をつくってしまうことがよくあります．そうなると，いつも自分の否定的な面ばかりを見て，それを自分の本質だと思いこむ可能性があるわけです．このような思い込みを，論理療法 (第3章参照) という心理療法では「不合理な信念」「不合理なビリーフ」(Irrational Belief) といいます．

　リフレーミング・ワークの体験をとおして，まずは自分自身の「モノの見方」の特徴に気づくことが大事です．さらに，その元となる価値観と柔軟に付き合えるようになれば，自己覚知は大いに進展し，他者の持つ「不合理な信念」に対しても適切にかかわることができるようになると思います．

　相談面接などでリフレーミングを行う場合も，言うまでもなく，利用者との信頼関係が築けていることが不可欠であることは言うまでもありません．

(2) 対人援助に影響するパーソナリティー特性

　前項では，「こころのクセ」を知る，つまり自己覚知のワークをとおして自己概念に気づくためのツールとその活用法について紹介しました．これらの他にも，さまざまな自己理解のための心理テストや教材があります．よく知られたところでは，「エゴグラム[8]」による自我状態のチェックや，対ストレスとの関係で行動特性をみる「タイプA検査[9]」などがあります．本書では，著作権の関係などもあって掲載はしていませんが，いずれも自己覚知のための手段として大いに活用できるものです．

　ただ，私がこれまでに対人援助職を対象に行った研修等の体験をふまえていうと，本書で紹介した「20答法」「過去・現在・未来の自己」「リフレーミング・ワーク」のシートは比較的実施するうえでのハードルが低く，シート中の問いかけも自由度が高いので，抵抗なく取り組めるのではないかと実感しています．

　では最も有効で，しかも深く自己覚知の作業を行う方法は何でしょう．そのための，非常に緻密で質問項目の多い心理テストのようなものがあるのでしょうか．将来，そのようなツールが開発されれば，対人援助者の養成機関等は飛躍的に高度化していく可能性がでてくるかもしれません．しかし，残念ながらそんな「すぐれもの」はまだつくられていませんし，私には，質問紙やテスト形式による自己理解にはどうしても限界があると思われます．

　これまで本書では，対人援助における傾聴の意義と力について繰り返し述べてきていますが，援助者自身の自己覚知を深めるにあたっても，やはり傾聴の力を活用するのが最も有効であると考えます．利用者を支援するときと同じように，対人援助者やそれを志望する人自身が，自分の話をしっかりと聴いてもらうことをとおして，自らの「こころのクセ」に気づく体験をすることが重要といえます．

　たとえば，カウンセラーの養成課程においては，「クライエント体験」と呼ばれる，養成を受けている者が実際にクライエントとして，カウンセリング面接を受ける体験が義務づけられている場合がほとんどです．それも，単なるお試しとしての体験ではなく，クライエントの立場を自らが身をもって体験し，その過程で自分のパーソナリティ特性と向き合う作業をすることが求められます．その意味で，実際に自分の話を傾聴してもらい，そのことを振り返る体験をすること以上に，有効な自己覚知の方法はないと考えられます．

　しかしながら，多くの対人援助職の養成機関や学校では，利用者としての体験を十分に行う機会が設けられているかというと，なかなか心もとない状況といわざるを得ないようです．自己覚知の機会は，養成教育の段階のみにあるものではありません．自己覚知を行うとは，自分の心が試される機会でもあります．そのような体験は，対人援助職にとっては，日常的な利用者とのかかわりの中でも日々起こっているといえます．

　そこで援助者として困った場合は，「スーパービジョン」を受けるなどして，自分の考えや思いを職場等の熟練した専門職に聴いてもらい，助言やサポートを得ることになります．スーパービジョンとは，援助者の相談・援助活動の向上を第一の目的として行われる教育・訓練プログラムの１つです．スーパービ

ジョンについては，第6章にてあらためて述べます．

　自己覚知の作業を進めていくと，自己概念と同時に，自分の性格や行動の特性について気づくことも増えてきます．繰り返しになりますが，対人関係にとって自分の性格を知っておくことは重要です．その作業をとおして，たとえば「努力しなければならない」という考えを持っていたり，「いつもこういうタイプの人とトラブルになる」といった行動特性があることに気づくことがあります．さらに分析が深まると，それらの理由に思いいたることもありえます．

　このように，対人援助を専門とする職業では，とくに自分自身の性格を知り，そのうえである程度の自己分析ができている必要があります．また，先述の「クライエント体験」や「スーパービジョン」などをとおして，利用者の立場から相談・援助場面における心の動きについても，ある程度の知識をもっておく必要があるといえます．

　対人援助の関係が進展すると，援助者と利用者の間に信頼関係が築かれるとともに，他にもさまざまな現象が生じてきます．それらのなかには，援助の進展を妨げたり，予想外の望ましくない方向に動かそうとするマイナス要因として働くものがあります．しかし，心の動きにはある程度の法則のような傾向があるため，それらに関する知識を持っていることで危険性を回避することができますし，さらなる進展を促すことにつながるといえます．

　ここでは，心の動きに関する知識のうち，「投影」という「防衛機制」を取りあげて紹介します．また，「転移」「逆転移」という感情の働きについても見ておくことにします．これらはいずれも精神分析という代表的なカウンセリング理論の1つにおける重要概念ですが，利用者との基本的なかかわりの部分に関連するポイントに絞って述べたいと思います．なお，精神分析の理論についての解説は，次の第3章にて詳述します．

　防衛機制（Defense Mechanism）とは，対人関係において，欲求や衝動と良心の呵責や罪悪感等との狭間に立つ自我が，欲求不満と葛藤から生じる不安から心の平衡を保持し，自分を守ろうとする働きのことをいいます．精神分析では，これは誰にでもある心のメカニズムとされていますので，心理カウンセラーでなくても，援助者は自分の心に気持ちを向けて，自身の防衛機制について思い

をめぐらす体験をしておくとよいでしょう.

　投影（Projection）とは，自分の心の中にある感情や欲望など，不安を引き起こす衝動を抑圧して，代わりにそれを相手が抱いていると認知することで，自責の念を和らげる防衛機制のことです．たとえば，「私はあの人が憎い」という思いは，「あの人が私を憎んでいる」というように認知されます．また，自分の弱点を他人の中に見出すことや，自分の責任を他に転嫁するといったこともあります．投影には，抑圧を補完する機能があります．「投射」とも呼ばれています（CASE ③ 参照）.

　転移と逆転移は，人間関係や援助の進展を妨げる要因となる可能性を有しているといえます．転移（Transference）とは，援助関係において利用者が援助者に抱く私的な感情をいいます．それは，援助者という役割上の立場とは別に，援助者に対して自分の親や友人，あるいは恋人のように感じ，その対象に抱くとともに示すはずの感情を向けてくることです.

　それはつまり，利用者が主に過去の人間関係のなかで「重要な他者」に示した未解決の感情や無自覚的な態度が，援助者に対して同じようにくり返されることなのです．たとえば，援助者に対して「母親のように優しくしてほしい」「厳しかった父のよう」「分かれた恋人みたいだ」という気持ちが生じ，そういった気持ちを援助者に向けてくるといったことです．ときには，現実的に困難なことを援助者に要求してきたりすることもあります.

　転移には陽性転移と陰性転移があります．陽性転移とは，援助者のことを好意的に思う感情です．逆に陰性転移は，援助者を否定的にとらえ，援助に反発する態度をとります．来談することを拒否し，援助関係が切れてしまうこともあります.

CASE ③　　実習生に対する投影に動かされた指導者 D さん

　社会福祉士の D さん（30代・女性）の勤める特別養護老人ホームでは，社会福祉士や介護福祉士の養成機関から実習生を受け入れて指導を行っています.
　D さんは本年度から施設の実習指導者として，数名の学生の指導を担当するこ

とになりました．今回もある福祉系の大学から，2名の実習生を受け入れること
となりました．社会福祉士の現場実習期間は約1カ月です．
　今春まで，Dさんは相談部門の主任ソーシャルワーカーとして，当該部署にて
リーダーシップを発揮しながら入所者やその家族の支援に携わっていました．ス
タッフからの信頼も厚く，部下の指導にもていねいに力を注いでいました．
　ところが，今回担当することになった実習生の中に，どうしても苦手なタイプ
の学生がいました．その実習生の立花さん（20歳・女性）（仮名，以下同じ）は，
とにかく消極的で，問いかけてもはっきりと答えが返ってきません．そして態度
がいつもオドオドしている様子なのです．
　たとえ福祉を専門に学んでいる実習生であっても，時には利用者と同じように
受容・共感の姿勢で接する必要があることを，Dさんは理解していました．しか
し立花さんに対しては，どうしてもイライラしてしまい，つい強い口調で応対し
てしまうのでした．
　Dさんは，自分でもどうして立花さんを受け入れられないのだろうと思ってい
ました．そこでよく考えてみると，Dさん自身が幼い頃，母親に「はっきりもの
を言いなさい」とよく注意されていたことを思い出しました．
　それがわかってから，Dさんは投影（防衛機制）が起きている自分の心を振り
返ることができるようになり，立花さんを自然に受け入れていくこともできるよ
うになっていきました．

　転移が起こること自体は心の働きとして不自然ではありません．むしろ，援
助者に向けられる転移感情を的確にとらえ，利用者と共にしっかりと扱うこと
で，セラピー（治療）にも有効に働く可能性が高くなります．ただし，そのた
めには高度な心理療法の知識と技量が必要です．心理臨床の専門家以外は信頼
関係を損ねてしまう危険性が高いですので，信頼関係の維持を意識しながら，
援助者が不用意に巻き込まれることのないようにすることが大切です．
　一方，逆転移（Counter Transference）とは，援助者が利用者に抱く私的な感
情をいいます．とくに，利用者の転移性感情に対して，無意識的な感情反応を
起こすことを意味します．逆転移も陽性と陰性の2つに分かれますが，それら
の感情は援助関係に弊害としての影響を及ぼしかねません．援助者としては，
まず自身の逆転移感情が生じていることに気づく必要があります．そして，な
ぜ自分はそのような感情を抱くようになったのか，自分の成育歴や生活体験を
あらためて吟味することが重要となります．

　本章の最後に，対人援助者にとって，自己覚知に取り組むことは自身のメンタルヘルス向上にもつながることを申し添えておきたいと思います．自らの「こころのクセ」にある程度気づいておくことで，利用者とのコミュニケーションや業務におけるさまざまな人間関係による，余計なストレスを被ることを避けることが可能となるからです．

注

1）　河崎洋充「自己覚知」，成清美治・加納光子編『現代社会福祉用語の基礎知識』学文社，2001年，p. 80.

2）　岸本裕紀子『感情労働シンドローム——体より，気持ちが疲れていませんか？——』PHP研究所［PHP新書］，2012年.

3）　ホックシールド，A. R.，石川准・室伏亜希訳『管理される心——感情が商品になるとき——』世界思想社，2010年.

4）　岸本裕紀子，前掲書，p. 6.

5）　水谷英夫『感情労働とは何か』信山社，2013年，pp. 24-26.

6）　文部科学省「平成29年度公立学校教職員の人事行政状況調査について」文部科学省ホームページより.

7）　水谷英夫，前掲書，pp. 194-197.

8）　アメリカの精神科医バーン（Berne, E.）の提唱した交流分析理論に基づいて，人が持っている「5つの心」の強弱から性格特徴をとらえるもの.

9）　タイプAとは，せっかち，焦り，敵意心が特徴とされている行動パターン．また，冠動脈性疾患の危険因子を有しているとされる（第6章参照）.

参考文献

河合隼雄『カウンセリングの実際問題』誠信書房，1970年.

古今道雪雄『新・あるカウンセラーのノート』関西カウンセリングセンター，1994年.

武井麻子『ひと相手の仕事はなぜ疲れるのか——感情労働の時代——』大和書房，2006年.

福島脩美『自己理解ワークブック』金子書房，2005年.

ミルトン・メイヤロフ，田村真・向野宣之訳『ケアの本質——生きることの意味——』ゆるみ出版，1987年.

クライエント体験と「気づき」

　いまからもう20年くらい前のことです．私はある民間のカウンセリング養成講座を受けていました．理論について座学やロールプレイでの体験学習をひととおり終えると，実習に入る前段階のカリキュラムとして，そこでは受講生自身がクライエント体験をすることになっていました．生まれて初めて，自分がカウンセリングを受けることになったのです．

　とはいえ，自分には聴いてもらいたい悩みもとくになく，面談におもむく以前に，どうしたものかとそれこそ「悩んで」いました．しかし，実際に行ってみると，案ずることはなく，ベテランのカウンセラーが持つ温かい雰囲気に私はすぐさま安心感を覚え，無理に何かを話さなくてはいけない，というプレッシャーから解放されました．

　これこそが安心感というものかと，感心しながらも居心地よく面接室のソファーに座っていました．自由に話せる喜びを感じて，私は思いつくままに自分のことを話していました．計20回ほど面接に通いましたが，毎回楽しみで，自分でも不思議なくらい，話題が尽きませんでした．

　こちらの気持ちをしっかりと受けとめられているという実感を得ながら，私は自分でも思いがけない幼少期の話題を話すこともありました．そのなかで，両親やこれまで出会った重要な他者との関係で，とっくに記憶の彼方に埋もれてしまっていたようなエピソードやその時の気持ちまでが浮かんできて，多くの新たな気づきにつながる体験をしました．

　これが「聴く力」の効果なのかと，自分の体験を振り返りながら実感していました．クライエント体験は，私にとってはとても貴重で意義のある自己覚知の機会となりました．またそのことが，現在の対人援助者としての自分のあり方に，少なからず活きていると思っています．

カウンセリング理論と援助法

　第1章で触れたように，カウンセリングにはさまざまな学派や技法があります．アメリカでの調査によると，その数は優に400を超えるといいます．ただ，心理療法やカウンセリングの発展の歴史をたどると，カウンセリング理論には柱といえるいくつかの代表的な理論が屹立（きつりつ）していることがわかります．

　本書では，代表的なカウンセリング理論として次の3つを紹介します．精神分析，来談者中心療法，そして行動療法です．さらにその他として，いわゆる「うつ病」や不安障害など，今日的なメンタルヘルスの問題への対処方法として注目されている認知（行動）療法などの概要も述べたいと思います．

　本書は，対人援助者が実践においてカウンセリングの理論および技法をより有効に活用していただくことを目的としています．そこで本章では，そのために必要と思われる部分に絞って解説しています．あくまでも，他者との良好な関係構築を図り，傾聴を支援の軸としつつ，患者やクライエントの問題解決に資するために独自の方法論を展開するという観点から，各理論の要点をまとめたものです．

　したがって，各理論の歴史的背景や体系について網羅的に述べているわけではありません．より詳細な概要については，章末に掲げている参考文献[1]をご覧いただければと思います．

《1》精 神 分 析

　精神分析（Psychoanalysis）は，オーストリアの医師で神経学者のジークムント・フロイト（Freud, Sigmund：1856-1939）により，現在から100年以上前に創

始されました．フロイトは，神経症の治療を通じて，人間の心の無意識の領域について考察し，自由連想法を用いた治療法を開発しました．精神分析は，人間の心の構造や働きには，無意識のもつ力が非常に強く影響をもたらしているという考えに立っています．この立場を，力動論または精神力動（Psycho-dynamics）論といいます．ユング（Jung, C. G.：1875–1961）の分析心理学，アドラー（Adler, A.；1870–1937）の個人心理学も，この立場に分類されます．

　また，フロイトは人間の本能や欲動の働きを重視し，幼児期から性欲が存在するとの汎性欲論を展開しましたが，それに対する種々の批判もなされています．それにもかかわらず，精神分析のもたらした知見は，今日のカウンセリング理論にとって重要な基盤となっており，人間の精神生活の意味や構造の解明にあたって欠かせないものです．現在まで，精神分析ほどカウンセリングに大きな影響を与えた理論はないといえます．さらに，多方面への影響も大きく，思想や文学をはじめ，さまざまな芸術活動を含め，現代社会文明の全体に及んでいるといっても過言ではありません．

(1) 幼児期における体験の重視

　精神分析の考え方は，人間の心には無意識の領野が存在し，人の行動は無意識によって左右されるという基本的な仮説に基づいています．フロイトは神経症（主にヒステリー）[2]の治療を行うなかで，人は意識することが苦痛であるような欲望や葛藤を無意識に抑圧することがあり，それが形を変えて神経症の症状などとして表出されると考えました．そのため，無意識に抑圧された願望や葛藤などの内容を表面化させて，本人が意識することによって，症状が消失するという治療の仮説を立てました．

　今日，私たちが日常的に使う「トラウマ（心的外傷）」や，1970年代に生まれたとされる「PTSD」[3]という言葉の概念も，もともとはフロイトによる，ヒステリーの原因は幼少期に受けた性的な出来事にかかわる心の傷によるものという病因論から発展したと考えられます．

　つぎに，精神分析による援助は，心の病気や情緒の問題を治す心理療法の一種であり，クライエントと協働して自我の歪みを取り去り，より健康な自我機

能が発揮できるように支援することをいいます．それは，クライエントのパーソナリティの構造を，過去から現在におよぶ成育歴もしくは生活歴の分析の中から明らかにしようとするものです．つまり，過去と現在という因果関係において，縦断的に問題を捉えようとします．

　具体的には，クライエントの幼児期の体験を重視します．どのような家庭環境で，どのような親のもとで，またどのように育てられたかを問うていくのです．そこでは，親の夫婦関係，親子関係がいかなるものであったか，そして本人がどのようなパーソナリティを形成していったか，さらに幼児期に重大な出来事はなかったか，などが重要なポイントになります．

　精神分析では，上記のような，幼児期を中心とした過去のさまざまな出来事が要因となって，現在の問題の発生に何らかのつながりがあるとする見方をします．人は生まれてから成長するにしたがい，順に発達段階を進んでいきます．しかしながら，ある段階で満たされるべきものが満たされず，また，その段階における発達課題が乗り越えられずに，未解決のままもち越されると，その段階で心の成長が停滞してしまうことがあります．このことを「固着」といっています．

　クライエントの抱える問題を理解するためには，発達のどこの段階でどういった問題があり，どのような心の成長がそこでとまっているかをよく知ることが必要です．そこで，各発達段階とそこでの課題をよく理解し，生育歴との関係において問題を分析することが，原因の判明と問題解決に役立つというのが精神分析の考え方であるといえます．

　では，精神分析による治療の実際とは，どのような方法なのでしょうか．それは，主に自由連想法という面接法によって行われます．フロイトの考えでは，過去に無意識に抑圧されたクライエントの願望や葛藤が，治療者との対話をきっかけに連想され，それを治療者が解釈することによって，患者の無意識が意識化され，症状が解消するとしています．

　なお，フロイトは医師であり，彼の活躍した時代は今日の対人援助領域とは異なり，心理療法についてもまだ古典的な医学モデルに則った枠組みで行われていました．本項でも，「援助」を「治療」という言葉で，そして「クライエ

ント」や「利用者」を「患者」という言葉で使用しているところがあります．
しかし，正確には，「クライエント」という言葉が心理療法において使用され
るようになるのは，次節で述べるロジャーズ(Rogers, C. R.)の活躍する時代(1940
年代〜) になってからのことです．

　当初，フロイトは催眠療法を治療に取り入れていましたが，催眠の効果には
個人差があり，クライエントが感情を吐露するにはいたらないケースもあった
ため，催眠という方法自体に限界を感じていました．そして，それに代わる治
療法として開発されたのが自由連想法（Free Association）でした．

　自由連想法とは，患者さんが寝椅子などに横たわり，リラックスした状態で，
心に浮かんだことを自由に語ってもらうという面接法です．クライエントには，
できるだけ構えることなく自由に話してもらえるよう，治療者はクライエント
の視界に入らない位置に居るといった工夫がなされていました．

　クライエントが自らを語り，治療者がその内容を解釈や分析する前に，ただ
誠実に傾聴することをとおして，クライエントの症状や悩みが取り除かれてい
くこともありました．そのことをカタルシス効果といい，「煙突掃除法」ある
いは「お話療法」とも呼ばれました．当時の住宅には煙突があるのが一般的だっ
たようです．

　また，精神分析やフロイトという名を聞いて，一般的にまず連想されるのが，
夢分析ではないでしょうか．夢は，患者（クライエント）の無意識に抑圧されて
いる内容が睡眠時に意識の部分に反映して現れるとされています．そのため，
夢を分析することは患者を治療するための技法としてしばしば使われてきまし
た．患者の見た夢の内容を話してもらい，それを治療者（分析家）が分析や解
釈することによって，患者は自身の無意識的な願望に気づき，症状が治るとい
うわけです．

　治療の方法については，その後，対面による対話においても自由連想法と同
じような効果があると考えられるようになりました．そのため，現在の精神分
析では，寝椅子を用いた自由連想法が使われることはほとんどなくなっている
とのことです．

　また，主要なカウンセリング理論における基本的な支援の枠組みは，面接に

よって実施されることが想定されています．しかしながら，医療機関や福祉施設など，多くの対人援助の現場では，利用者とのかかわりは面接ができる相談室ではなく，病棟や生活型の施設といった場所がほとんどを占めているのではないでしょうか．たとえ面接室で行われなくても，カウンセリングの理論と技法は有効な支援であることに変わりはありません．

　実際，ソーシャルワークでは，面接室以外の利用者の生活場面での面接や構造化されていない面接までも含め，生活場面面接(Life Space Interview)といい，援助に活かされています．そこでは，利用者の日常性に着目し，迅速な対応ができるところに特徴があるとされています[4]．

(2) パーソナリティの構造

　フロイトは，人間は食物を摂取することで身体的エネルギーだけではなく，心的エネルギーも生み出すとしました．さらに，図3-1のように，心的エネルギーを3つの構成体に分けて考えました．それらはエス(リビドー)，超自我，自我とよびます．この構成体は人間の発達とともに形成されると考えられまし

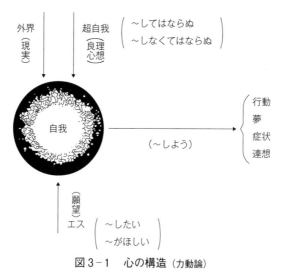

図3-1　心の構造 (力動論)

(出典) 前田重治『図説臨床精神分析学』誠信書房，1985年，p.14.

た．これらのうち，エスと超自我は無意識の領域で機能し，意識レベルに現れることはないとされています．一方，自我はエスと超自我の調整を行い，私たちは自我の働きを通じて意識レベルで考えたり感じたりします．

エ　　ス

エスは，ときにリビドー，あるいはイドともいわれますが，これは人間がもつ原初的なエネルギーの源のようなものとされています．ちなみに，エス (es) とはドイツ語で，英語の it に相当します．エスという名称には，主体の不在，何とも名状しがたい，という意味合いも込められていたようです．

厳密には，日本語の本能とは異なります．たとえば，赤ちゃんがもつ生きるための欲望や衝動のようなものといってよいでしょう．つまり，乳児はミルクを飲みたいときに要求し（泣き），寝たいときに眠り，排泄したいときに排泄します．このように，エスが自らの欲望や要求のままに動くエネルギーのあり方は「快楽（快感）原則」と呼ばれています．

超　自　我

原初的なエスのエネルギーによって動かされる生活様式は，人が成長するにつれて，食べ物や飲み物をとる時間やきまりが親を中心にしつけられ，しかるべき生活習慣なり行動様式が確立されていきます．食事だけではなく，睡眠や排泄，遊びなどについてもそうですし，して良いことと悪いことの区別や望ましい行動なども親からしつけられます．このように，子どもはその成長過程で，親のもつ善悪の判断や，しつけなどをとり入れ，その教えるところに従って自らを律し，行動するようになります．これらのプロセスを通じ，超自我が生まれ，発達していきます．

超自我は理想と完全を求めます．超自我の発達により，倫理観や道徳観が形成され，社会規範も子どもの中にだんだんと内在化されていきます．そして，心の中にいわゆる良心が育っていくことになります．たとえば，厳しい親のもとでしつけられた人は，道徳的倫理的な考えや行動が顕著となります．それが過度になると，融通の利かない性格や必要以上に強い罪悪感を抱くようになります．

自　　我

　上記のように，快楽原則に基づいたエス（リビドー）と現実離れした理想に基づく超自我とは真っ向から対立するものとなります．子どもは快楽原則に基づいて，リビドーの欲求だけを充足しようとしていると，親から叱られたり，親のしつけにより育った超自我がその行動を阻止しようとしたりします．

　そこで，親からもあまり注意されず，超自我の許容範囲で自己の欲求を充足する方法として，現実に則した行動が求められることになります．つまり，社会のいろいろな制約の中で現実適応していくためには，快楽原理に支配されるエスの欲求と，超自我からの緊張関係との間にたって，パーソナリティの統合を図る役割をするものが必要になります．それが自我なのです．そのことから，自我は「現実原理」に則して行動するといわれています．

　自我は，その人のパーソナリティを統括するうえで大変重要な役割を果たしますが，自我が現実的にうまく適応している，つまり強い自我をもつ人とそうでない弱い自我をもつ人に分けられます．この自我の弱い人に不適応現象が出てきやすくなり，ともすれば問題や病理にむすびつきやすくなるとも考えられています．そこで，幼児期にどのような家庭環境や親に，どのように育てられたかを成育歴などでみるのは，1つにはこのようなパーソナリティの構造のあり方をみることにもなるのです．

(3) 意識と無意識

　フロイトは，心の構造を意識，前意識，無意識に分けました．前意識とは，ふだん意識していなかったり，忘れていたことを，思い出そうとすれば意識化できることをいいます．しかし，無意識については，思い出そうと努力しても意識化できないことをいいます．無意識界のことがときとして意識にのぼってくることもありますが，それは夢などに限られて出現することが多いようです．

　フロイトはまた，意識と無意識を氷山にたとえ，水面上に出ている部分を意識界，水面下に見えない大きな部分を無意識界としました．私たちは，不快な体験や苦痛な出来事，敵意，攻撃心など，意識するといやなことは意識から締めだし，無意識の世界に追いやってしまうとされています．このことを精神分

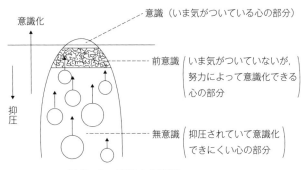

図3-2　意識と無意識（心の局所論）

（出典）前田重治『図説臨床精神分析学』誠信書房，1985年，p. 3.

析学では「抑圧」といっています．意識化されない，無意識界に抑圧され，た
まったこのようなドロドロした感情は発散あるいは昇華されないと，心の健康
状態が悪くなり病理現象をひきおこす温床になるとされています（図3-2参照）．

　エスと超自我の中間にある自我は，人格内部の欲求不満と葛藤から生じる不
安を処理し，心の平衡を保持する機能があります．その際，上記の「抑圧」や
「昇華」といったメカニズムが無意識に働き，自我の崩壊を防ぎます．そのメ
カニズムのことを，第2章でも述べたように，「防衛機制（Defense Mechanism）」
といいます．その主なものについてまとめたのが，表3-1です．

　防衛機制の基礎となるものが，「抑圧」です．抑圧とは，自我がその不安を
呼び起こす衝動や欲求を無意識に抑え込んで，パーソナリティの安定を得よう
とする働きです．ただし，抑圧が強すぎると過度の緊張をもたらし，かえって
心が不安定になります．つまり，抑圧は「臭いものにふたをする」ようなもの
で，解消するわけではありません．抑圧の対象として考えられるものは，性欲，
恐怖，不安，苦痛などです．なお，表3-1に列挙された防衛機制は，主に抑
圧を補うような働きをします．

　私たちは，意識的に日常生活を送っていると考えていますが，じつは無意識
が原動力となっていろいろ動かされていることも少なくないというのが，精神
分析の考え方なのです．防衛機制は，人間にとって必要なものです．これは，
人は誰でも自分が許容できる以上のストレスから自分を守ろうとする，ストレ

表 3-1　おもな防衛機制

名　　　称	内　　　容
抑圧 (Repression)	受け容れがたい欲求や感情などを無意識のなかに抑え込むこと．防衛機制の基礎となる．
投影（投射） (Projection)	抑圧された感情や欲求を他人のものとみなすこと． （本書第 2 章を参照）
退行 (Regression)	以前の未熟な発達段階へと後戻りすること．たとえば，排泄自立した子どもが，弟が生まれたとたんに夜尿をするようになる場合など．
同一化 (Identification)	重要な他者の多くの属性を取り入れて，自分が他者のようになること．たとえば，憧れの先輩に態度や行動が似てくるなど．
合理化 (Rationalization)	失敗など，自分の言動を正当化するために理由づけをすること．
補償 (Compensation)	劣等感を他の方向で補うこと．たとえば，将棋に負けたらトランプで勝とうとするなど．
反動形成 (Reaction formation)	受け容れがたい感情を抑圧し，正反対の態度や行動を示すこと．たとえば，憎しみをもつ相手に対して逆に親しげに接近する場合など．
打ち消し (Undoing)	過去の行動や思考に伴う感情を，反対の行動や思考によって打ち消すこと．
否認 (Denial)	知覚したことに対して，不安などの感情が生じるために，存在を認めないこと．
知性化 (Intellectualization)	抑圧されている感情などを過度に知的な活動で統制すること．たとえば，自分の病気に不安をもつ人が医学書を読みふけるなど．
昇華 (Sublimation)	直接的に表現すると不都合が生ずる欲求などを，社会的に認められる形に変えて満足させること．

ス対処という観点からも重要な心のメカニズムといえます．

　しかし，あまり極端になると日常生活に支障をきたしてしまいます．利用者の中には，不合理な防衛機制のために不適応に陥っている人もいます．対人援助者にとって，心の構造や防衛機制の知識を習得しておくことは，利用者やクライエントに対する理解を深め，援助の効果を高めることにつながります．

（4）精神分析の発達理論

　フロイトは，神経症の治療の過程で，患者の幼児期における性的な外傷体験が症状形成に大きな役割を持つと考えました．そこから，人間の発達には性的

表3-2　フロイトの発達論

発達段階	特　　　徴
口唇期 （誕生〜1歳半頃）	乳児が授乳を受ける際，口唇に快感を得る．この時期に固着が起こると，甘えや依存心が強くなるとされる．
肛門期 （1歳半〜3，4歳）	快感が排泄の感覚と結びつき，溜めたり出したりすることに快感を覚える．この時期の固着は，几帳面，頑固などの性格形成につながるとされる．
男根期 （3，4歳〜5，6歳）	この時期は性の区別に目覚める時期で，自分の性器への関心が顕著になり，快感も覚える．ただし，性的なものというより，部分的な身体感覚である．この時期への固着は，虚栄心，競争心，攻撃性などの性格形成につながるとされる．
潜伏期 （5，6歳〜12歳頃）	小児性欲が一時的に不活発になる時期．そのかわり，知的発達や社会化が促されることになる．
性器期 （12歳以降）	身体的成熟とともに性的欲求が活発となり，それまでの部分欲動が統合され，異性への関心が高まる．

エネルギーであるリビドーの力動が大いに関係しているとする心的・性的発達理論を提唱しました．そして，小児性欲[5]を中核とした独自の人格発達論を展開しました．

　そこでは，自我の発達はリビドーの発達と対応しており，各発達段階ではそれに対応した特定の身体部位で快感が得られるとし，またさまざまな精神的特徴と発達課題が現れると唱えました．それぞれの段階に不安や葛藤を残したままの場合，後に心理的に処理できないような刺激を受けると，心の状態がその時点（固着点）まで戻ってしまいます．そのことを退行と呼びます．退行が過度な場合は，さまざまな症状として現れるとしています．

　精神分析の発達段階は，出生時から順に口唇期，肛門期，男根期，潜伏期，性器期の5つに区分されます．それぞれの発達段階に相当する年齢幅，各段階の特徴についてまとめたのが，表3-2です．

　エリクソン（Erikson, E. H. ; 1902-1994）をはじめ，現代の主流となっているといえる発達理論は，乳児期から老年期まで，人間の生涯にわたるスパンで発達とその課題を設定しています．それらと比較すると，精神分析の発達理論は，せいぜい思春期に相当する年齢までしか扱っていません．また，エス（リビドー）

の発達と対応した段階の区分も含めて，現代を生きる私たちには少なからず奇異に映るところもあるように思われます．

　それでも，現在でも精神科医やカウンセラーなどが，患者やクライエントの理解のために，精神分析の概念を活用しているのは事実です．実際に，支援に役立っているところは少なくないといえます．

《2》来談者中心療法

　精神分析とならんで，カウンセリングの理論および技法の，もう1つの大きな流れを成しているのが，来談者中心療法と呼ばれるものです．わが国でカウンセリングを学ぼうとする際に，必ずといってよいくらいに目にするのが，「受容」「共感」「クライエント」「非指示的」といった言葉です．これらはすべて，来談者中心療法（Client-centered Therapy）の創始者であるロジャーズによって提唱された概念の用語です．

　カール・ロジャーズ（Rogers, C. R.：1902–1987）はアメリカの臨床心理学者で，彼のカウンセリング理論の特徴は，人間に対する肯定的かつ楽観的な見方にあり，人は誰でも自らの内部に自己を成長させ，実現させる力が備わっているというものです．これはフロイトの精神分析に見られる原罪論的・悲観的な捉え方とは対照的といえます．

　人間は，本来の性質として，自分自身を受容したとき，変化と成長が起こるというのが来談者中心療法の考えです．したがって，カウンセリングの使命は，この成長と可能性の実現を促す環境をつくることにあります．そして援助者であるカウンセラーの役割は，クライエントを尊重して無条件に受容し，共感することによって，クライエントが自分自身を受容し，尊重することを促すようになることです．

　ちなみに，先述のように，心理療法の対象者をクライエント（来談者）と呼ぶようになったのもロジャーズが最初でした．そこには，治療者と患者の間において，当時はまだ根強かった上下関係（医学モデルなど）を払拭し，同じ立場による援助者と利用者という関係に基づいて支援を行うというロジャーズの考

えが反映されているものです．それは，来談者中心 (Client-centered) という名称のなかにも如実に示されているといえます．

(1) 自己概念と体験の一致

フロイトの理論に対して批判的だったロジャーズですが，とくに，精神分析をはじめとする理論よりも，カウンセラーの態度を重視すべきだと主張しました．ロジャーズの考えは，カウンセラーは複雑な精神分析の理論にしたがってクライエントの語る内容を解釈するよりも，クライエントの気持ちを受容し，共感的に理解することにより，クライエントが自ら気づきを得て立ち直っていくというものです．

クライエントの気づきを重要視する来談者中心療法においては，「過去と他者は変えられない」という立場をとります．したがって，クライエントの成育歴や問題の原因をさかのぼって究明するのではなく，「いま，ここ」(Here and Now) という現在の経験を重視し，クライエントの感情や情感を聴くことを大切にします．

来談者中心療法は当初，非指示的カウンセリング (Non-Directive Counseling) と呼ばれていました．それは，カウンセラーが主導してクライエントの悩みを取り去ったり，問題の解決方法を助言したりするものではなく，クライエントが勇気をもって問題と向き合い，自らの持っている力を発揮して取り組み，自己決定によって問題を乗り越えていくのを援助することを意味しています．

ところで，クライエントが悩みや問題を抱えるときとは，どのような心の状態にあると考えられるでしょうか．ロジャーズは，パーソナリティには2つの側面があり，その不一致がクライエントに不適応をもたらすことになるとしています．その2つとは，自己概念（自己イメージ，そうでありたい自分）と体験（あるがままの自分）です．自己概念については，すでに本書の第2章でも触れています．そして，自己概念と体験が一致している状態を自己一致といいます（図3-3）．

たとえば，自分は優秀で誰にも負けずに仕事ができるという自己概念を持っている人が，現実には失敗をしてしまい，さらに自己概念と合致しない経験が

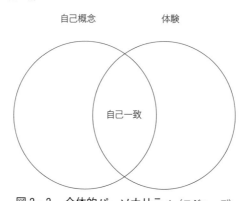

自己概念　　　　体験

自己一致

図3-3　全体的パーソナリティ（ロジャーズ）
（出典）佐治守夫・飯長喜一郎編『ロジャーズ　クライエン
ト中心療法［新版］』有斐閣，2011年，p.116を改編．

重なっていったとしたら，不快な思いを抱き，場合によっては不適応に陥って
しまうこともあります．なかには，自己概念と矛盾することを受け入れられず，
周囲に対する不平不満や自己弁護に終始する人もいることでしょう．

　また，自己概念として，自分は親に愛される良い子でありたいという願望を
抱いている人がいるとします．それにもかかわらず，実際の日常体験では，な
かなかそのようにふるまえず，いつも親と言い争いばかりしてしまうという
ケースもよく見受けられます．

　これらの例のように，多くの人にとって，自己概念とは合致しないような現
実をそのまま受け入れることは堪えがたいため，現実の経験を心理的に排除し
て，自己概念の維持に努めることをしてしまいがちです．しかしながら，その
人の現実適応を促し，真の問題解決を達成するためには，自己概念を修正し，
パーソナリティ（自我像）の再構成を図ることが必要になってくるといえます．

　そこで，来談者中心療法によるカウンセリングの意義と目的は，クライエン
トが安心して自己を見つめることができ，自ら気づきを得て，自我像を修正し
て自己概念を変えていけるように支援を行うことにあるというわけです．その
ために，カウンセラーには，クライエント自身が自らの成長力によって自己解
決を図っていけるような，確かな信頼関係をつくりあげていくことが求められ

るのです.

(2) パーソナリティ変化の必要にして十分な条件

　カウンセラーが,　クライエントに内在する成長力を信頼し,　クライエント自身が問題を解決していくことを最大限に援助するには,　どのようなことが必要となるのでしょうか.　それは別の言いかたをすれば,　クライエントのパーソナリティにおける自己概念と体験を,　クライエントが現実に適応できるところまで一致させることを支援するために,　カウンセラーは何をするべきなのか,　という問いになります.

　そのために必要なこと,　すなわちカウンセラーの聴く態度に求められる条件があります.　じつは,　この条件については第1章 (pp. 14-16) ですでに述べています.　そこでは,　ロジャーズによる聴き手に求められる姿勢について,　クライエントのパーソナリティ変化,　すなわち治療過程が生じる条件のうち,　治療 (援助) 者側の主な要件として次の3つ (中核条件) を挙げていました.　① 自己一致 (純粋性),　② 無条件の肯定的な関心,　そして③ 共感的理解,　です.

　ロジャーズの理論では,　カウンセラーがこれらの態度によって面接に臨むことによって,　クライエントのパーソナリティに変化が起こり,　成長が促され,　自ら立ち直っていくとしています.　そして,　カウンセラーのかかわりの中心は,　やはり傾聴であり,　信頼関係に基づいたクライエントとの親密なコミュニケーションが基盤になるといえます.

　カウンセラーの聴く態度に求められる条件とは,　正式には「治療上のパーソナリティ変化の必要にして十分な条件」といい,　ロジャーズが1957年に発表した論文[6]にて述べられているものです.　そこに挙げられている条件は,　じつは先述の3つ以外にもあり,　計6つの条件が掲げられています.　そのなかの主要なものとして紹介したのが,　第2章で提示した3つの条件です.

　ここであらためて,　6つの「治療上のパーソナリティ変化の必要にして十分な条件[7]」を,　以下に紹介しておきます (括弧内は筆者による).

　　① クライエントと治療者とが出会い,　その間に関係が樹立されることで

す．そして，心と心とが触れあい，クライエントは自由に自分の心の
うちを話すことができるようになることです．

② クライエントは現実の自分（体験）と理想の自分（自己概念）との間に
ギャップを感じたり，不一致を感じることにより，不安や焦燥感を感
じ，ときには混乱した状態になることもあります．このようなクライ
エントに対しては，自分のあり方について柔軟に対応できることが望
まれます．

③ 治療者はクライエントと話すとき，自己一致していなければなりませ
ん．つまり治療者本来の姿と，自分が考える自己とが一致しておく必
要があります．一貫した対応が大切になります．

④ 治療者はクライエントを無条件に受容することです．受容される中で，
クライエントは自己のいろいろな点について気づくようになり，少し
ずつ自己受容も可能になります．

⑤ 治療者のクライエントへの共感的な理解が重要となります．クライエ
ントは，治療者に受容され，理解されていることがわかれば，落ち着
いた状態をとりもどし，自己を受容しやすくなります．

⑥ 治療者は，クライエントに対して好意をもち，積極的に共感し，理解
しようとしていることを十分に伝えることです．こうしたことにより，
信頼感やラポールが形成され，クライエントは自己の判断や価値基準
で行動できるようになります．

　これらのうち，第2章で述べたものは③④⑤で，それぞれ「自己一致」「無
条件の肯定的関心」「共感的理解」に相当する部分です．ロジャーズは，この
6つの条件の他にはいかなるものも必要ではないとしています．そして，もし
これらの条件が存在し，それがある期間継続するならば，それで十分であると
も述べています．

　これらの条件を満たすカウンセラーが，クライエントの話を傾聴し，適切な
フィードバックを行うことで，クライエントが自らを縛る自己概念と体験との
ズレに気づくことを促すことが可能となります．そして，クライエントは自身

を苦しめる非合理な価値体系からの解放に向かい，そのための自己治癒力を高めていきます．

　このように，クライエントは治療者との出会いをとおして十分に受容され，そして自分自身を受け容れることにより，自らの力で自然に立ち直り，自信を回復していくのです．

(3) エンカウンターグループ

　来談者中心療法に加えて，ロジャーズの功績として有名なのが，「ベーシック・エンカウンターグループ」(Basic Encounter Group) の開発と実践です．これは，個人の成長，自己洞察，対人コミュニケーションおよび対人関係の発展と改善を目的として，一般的には10名前後の参加者と数名のファシリテーターで数日間の合宿生活を行ない，自由に話し合っていくものです．

　ファシリテーター(Facilitator)とは，促進者という意味であり，指導者やリーダーではありません．専門家ではありますが，基本的には対話の交通整理を行う役割を担うスタッフという感じでかかわります．メンバーは話し合いへの参加をとおして，参加者の間に防衛的ではない，自由な感情の交流が生まれ，新たな自分への気づきを得ることになります．

　もともとは，ロジャーズが1946年頃からカウンセラー養成のために行ってきた集中的グループ経験がそのはじまりで，1960年代に急速に発展していきました．日本でも，1970年代にその実践が行われるようになり，今日では看護教育への導入や対人援助専門職を対象としたワークショップが盛んに実施されています．

　ロジャーズの開発したエンカウンターグループには，いわゆるグループワーク的な課題のプログラムはありません．ほとんど制約のない自由な話し合い（セッション）によって進行していくため，ベーシック・エンカウンターグループと呼ばれます．エンカウンターには，ロジャーズによるベーシックの他に，話し合いに課題を設定する構成的エンカウンターグループもあります．

　ロジャーズは後年，精力的にエンカウンターグループの実践に携わり，1968年には，その記録映画『出会いへの道 (Journey into Self)』がアカデミー賞長編

記録映画部門で最優秀作品賞を受賞しました．また晩年には，各国の紛争地域でエンカウンターグループを実施し，世界平和に力を注ぎました．その功績が認められ，ノーベル平和賞候補にもノミネートされました．

《 3 》行 動 療 法

　行動療法とは，学習理論に基づいた心理療法のことをいいます．この立場は，クライエントが現在抱えている問題や症状は，誤って学習されたものとして捉えます．したがって，問題や症状を解決・解消するためには，望ましいと思われる行動を新たに学習し直し，身につけていく必要があります．

　精神分析はフロイト，来談者中心療法はロジャーズと，これまで述べてきた代表的なカウンセリング理論には，確固たる著名な創始者が存在しています．行動療法の場合も，1960年代にアイゼンク（Eysenck, H. J. ; 1916–1997）らによって有名になった療法といえますが，彼 1 人がつくったものではありません．行動療法は創始者の個人名が定立しているわけではなく，あくまでも学習理論や行動主義心理学に基づいた諸理論による療法として位置づけられています．

　この療法は，精神分析に基づく療法とはまったく考え方が異なっているといえます．先述のように，精神分析では無意識界に抑圧された欲動や葛藤といったものが神経症などの発症要因になっていると考えます．一方，行動療法では，さまざまな症状や問題行動などはあくまでも学習の結果として出てくるという考え方をします．したがって，クライエントと治療者が共同で治療目標を立てますが，症状や問題行動を直接に治療の対象とするため，過去の成育歴は重視しません．同様に，来談者中心療法とも根本的な発想が異なり，行動療法は直接観察できない人間の内面に働きかけることはしないという立場なのです．それだからこそ，言葉が使えない発達段階にある乳幼児や障がい児・者から，通常の発達を遂げているあらゆる年齢層のクライエントを対象に行うことができるという特長（メリット）があります．

　行動療法が拠って立つ学習理論の主なものには，「古典的条件づけ」「オペラント条件づけ」「モデリング」などがあります．ここでは，これら 3 つの理論

に基づく療法（カウンセリング）について紹介します.

(1) 古典的条件づけ療法

　これは,「パブロフの犬」で有名なパブロフ（Pavlov, I. P.; 1849-1936）の古典的条件づけの理論に基づくものです. パブロフの犬の実験では, 無条件刺激（餌を与えると唾液が出る）と条件刺激（メトロノームの音）の対提示を幾度も繰り返しました. 対提示とは, 両方の刺激を同時に示すということです. すると, 犬はメトロノームの音を聞いただけで唾液が出るようになりました. これが条件反射です. この無条件反射と条件反射の対提示の原理に基づいて, 行動の習得や消去を目指すのが, 行動療法の古典的条件づけ療法です.

　古典的条件づけによる学習の例として, ワトソン（Watson, J. B.; 1879-1962）による実験を紹介しましょう. 生後11カ月のアルバートくんは, もともと白ネズミと遊ぶことが好きでした. ワトソンは, そのアルバートくんに白ネズミを見せながら, 後ろで大きな音をたててびっくりさせました. これを何回か繰り返すと, アルバートくんは, 白ネズミを見るだけで泣き出すようになりました. この学習（古典的条件づけ）によって, 白ネズミは恐怖を引き起こす条件刺激に変わったのです. この例では, 恐怖という症状が, 学習によってもたらされた結果であることを示しています.

　症状や不適応が学習されたものであるならば, 逆に, それらの現象を消すことも可能であるはずです. それには, 適応的な行動を学習することによって, 症状などを消去していくことになります. このように, 症状を誤って学習された行動であると捉え, 好ましい行動をあらためて学習することによって, 症状や問題となる行動を消去していこうとするのが, 古典的条件づけを利用した行動療法なのです. 古典的条件づけは, レスポンデント条件づけともいいます.

　ここでは古典的条件づけの理論に基づく療法から, その実際例を紹介します. 古典的条件づけ療法の代表的なものとして, 下記の3つを挙げます.

　①系統的脱感作法：不安や恐怖を伴うイメージをリラックス状態で生起させ, 直面した不安を徐々に低減させる.

表3-3　不安階層表の例（不登校の仮想例）

不安場面	SUDs
前日に，当日の教科書をそろえてかばんに入れる	0
当日の朝，制服を着る	10
学校に行くために，玄関を出る	20
学校へ行く途中の交差点を渡る	30
校門へ入る	40
下駄箱で靴を履きかえる	50
教室までの階段をのぼる	60
教室までの廊下を歩く	70
誰もいない教室に入る	80
皆がいる教室へ入る	90
教室で，授業を受ける	100

(注) SUDsとは，自覚的障害単位のこと．0（まったく問題なし）から100（最高度の障害）までの数字を場面ごとにつけて，それをもとに，多くは10段階の階層表が作られる．
(出典) 藤生英行「行動療法・認知行動療法」，杉原一昭監修『はじめて学ぶ人の臨床心理学』中央法規出版，2003年，p.42を一部改編．

　②主張訓練法：対人恐怖のある人が，人前で主張をする訓練をし，緊張や不安の低減をはかる．

　③フラッディング：クライエントを不安，恐怖などの情動の洪水に浸らせ，その中でこれと対決させる．イメージによるものと現実場面によるものがある．

　これらの中から，系統的脱感作法による援助事例を提示します．系統的脱感作法は，精神科医のウォルピ（Wolpe, J.；1915-1998）が開発した，主に不安や恐怖に対する行動療法です．

　実際の面接では，最初にクライエントが，不安や恐怖を感じる場面を，弱いものから強いものへと段階的に点数化した不安階層表（表3-3参照）を作成します．つぎに，クライエントがリラックスできる状態をつくり，そこで不安・恐怖場面を階層表にしたがって弱いものからイメージしてもらいます．そこで問題がなければ次の段階に進み，最終的には不安階層表のすべての段階をクリ

アできるようにするというものです．系統的脱感作法は，高所恐怖症など種々の恐怖症，不安，チック症，赤面恐怖などの症状をもつクライエントの治療にもよく使われる手法です．

CASE ④　小学5年生の不登校児童ひろし（仮名）くんへの
カウンセリング──系統的脱感作法による支援──

　ここでは，小学5年生の不登校児童ひろしくんに対するカウンセリングの事例を紹介します．他の面接と同様に，何よりもまず，ひろしくんとの信頼関係を築きます．そのうえで，ひろしくんの気持ちに沿いつつ傾聴しながら，いっしょに不安階層表（表3-3参照）を作成します．

　系統的脱感作法を始めるにあたり，十分リラクゼーションをして心身ともにほぐします．つぎに，イメージの中でひろしくんに朝起きたときの気分を思い浮かべてもらいます．どのような気分か，学校に行けそうかどうかなどについて尋ねます．そして，トイレに行き，顔を洗い，朝食をとるなど，朝の一連の行動を連想してもらい，そこまで可能になれば，学校のカバンをもって玄関を出るところまで行き，気持ちを聴きます．

　その時点で，もしも気分がよくなければ，そこで一応今回は打ち切りとします．次回の面接で，再びそこまで行き，だいじょうぶであれば，玄関を出ます．そこから少し歩き出し，たとえば，いつも学校に行くときにわたる交差点の横断歩道までの約100メートルを歩いたと想像します．そこで気分を尋ね，問題がなければそのまま前進し，悪ければその日はそこまでとします．

　このように，学校までの道程をいくつかの段階に分け（スモールステップ），イメージの中でもひろしくんが気分の悪くならない程度に進めていきます．そして，徐々に学校に近づいていき，最終的には登校できるようになることを目指します．

---

(2) オペラント条件づけ療法

　これは，スキナー（Skinner, B. F. : 1904-1990）のオペラント条件づけの理論に基づくものです．オペラント条件づけとは，学習者の自発的な行為や反応の増大あるいは低減を目標として行われる一連の手続きのことです．これは道具的条件づけともいいます．オペラント条件づけ療法の主なものには，下記の3つがあります．

①トークンエコノミー法：後述のとおり．

②シェイピング：最終的な目標行動に向けて，少しずつ段階的に行動を近づけ到達させる．

③バイオフィードバック：脳波や心拍数，血圧といった自律神経系の生理活動を，機器を使って知覚可能な情報に変換し，クライエントにフィードバックする．それを随意的にコントロールすることを学習させる．

　実際には，子どもなどの行動変容のために悪い行動は無視して，好ましい行動をよくほめるなどして強化したりします．これは，好ましい行動によって利益が得られる仕組みによって新たに学習を促進する方法です．つまり，オペラント条件づけでは，報酬がたくみに用いられます．

　技法としては，トークンエコノミーと呼ばれる方法などがあります．トークンというのは，貨幣と同じように他の物品と交換できる代用貨幣，つまり一種の金券のようなものを意味します．トークンエコノミー法は，一定の課題を遂行できた場合，報酬として与えられるトークンによって強化が進められる療法です．

　たとえば，トイレット・トレーニングがうまくいかず夜尿などが残っているような場合，表を作り，夜尿がなければシールをはり，夜尿があれば空欄にするか×印を入れるかします．そしていくつかシールがたまれば，あらかじめ，ハイキングに行くとか，お母さんとゲームをするとか約束し，本人の希望にそって，何かしたいことをかなえるようにします（表3-4参照）．

　この場合，夜尿をなくすということは本人にとって難しい行動ですから，表をつくるときには，夜尿の有無と，何か本人が気軽に毎日できるお手伝いごとなどを一対にして（たとえば花の水やり，部屋の片づけなど），そして自分でシールを貼らせるように決めて行うと，難しい行動を本人が習得する動機づけを深めることになります．つまり，難しい行動とやさしい行動とを一組にして実施するところにポイントがあるといえます．

表3-4　トークンエコノミー法で使用する表 (例)

内　容　　　　　　日　付	5/12 (月)	5/13 (火)	5/14 (水)	5/15 (木)	5/16 (金)	5/17 (土)	5/18 (日)
おねしょ あった・なかった							
お手伝い (お花の水やり) できた・できなかった							

(注) 毎日，夜尿の有無と本人が進んで行う簡単なお手伝いをセットにして表をつけてもらう（シールを貼るなど）．

(3) モデリング

　これは観察学習とも呼ばれるもので，モデルとなる人の行動を観察することによって行動変容を図ります．つまり，他者の行動の観察や模倣による新しい行動様式の獲得や，反応パターンの変容を可能にするのがモデリングです．

　もともと，子どもの成長過程では，モデリングによる学習をとおして成長する部分が大きいとされています．とくに，思春期や青年期においては，アイドルや先輩など，特定の誰かに対する憧れの意識から，対象の人物に少しでも近づきたいという心理が生じることが見受けられます．

　モデリングの基盤となる社会的学習理論は，1950年代後半，バンデューラ（Bandura, A.：1925-2021）によって提唱されました．従来の学習理論が学習する本人による経験を前提としていたのに対して，モデリングの理論によって，学習が他の個体の行動を観察することによっても成り立つことが実証されました．

　そのために，バンデューラは次のような実験を行いました．子どもたちを2つのグループに分け，実験群にはおもちゃの置かれた部屋で1人の大人が風船のようにふくらませた人形に乱暴しているところを見せます．一方，対照群には，ふつうに大人が遊んでいるところを見せます．その後，各グループから1人ずつをおもちゃのある部屋に入れ，その様子を撮影しました．結果は，実験群の子どもたちは対照群の子どもたちに比べて攻撃的な様子なのが観察されました．この実験から，子どもは実際に強化を与えなくても，モデルの行動を自発的に模倣することが明らかとなりました．

　モデリングによって，不適切な行動を消去するとともに適応的な行動を習得させ，問題行動の改善などを行う技法が，モデリング療法です．この療法は，恐怖症や不安を克服するのに有効とされています．また，主張訓練や社会的技能訓練 (Social Skill Training : SST) にも採り入れられています[9].

　クライエントの認知的要因を重視し，それが変化するように介入することが行動変容につながるというモデリングの考え方は，後の認知行動療法の発展を促したともいわれます．

　モデリングには次の 3 種類の効果があるとされています．

　　① 観察学習効果：観察によって新しい反応を獲得する．
　　② 制止・脱制止効果：観察者の行動の制止を強めたり，弱めたりする．
　　③ 反応促進効果：以前の反応の再現を促す（新しい反応は起こらない）．

　たとえば，①に関連した療法の例を示すと，動物恐怖症の子どもを治療する場合，ほかの子どもが動物と楽しそうに遊んでいる場面を観察させることで，良好な治療効果が得られる，といったことです．つまり，動物と遊ぶことがクライエントにとっては恐怖感をもたらす状況であっても，そこをモデルが難なく過ごしている様子を観察すれば，この経験はクライエントが恐怖を克服することに有効に作用すると考えられるわけです．

　モデリングにおける呈示方法としては，モデルがクライエントの前で直接的に呈示する方法の他にも，映像などをとおして間接的にモデリングを呈示する方法，治療者の教示によってクライエントがイメージをする中で行う方法などがあります．

《 4 》そ　の　他
——認知行動療法を中心に——

　21世紀は「こころの時代」といわれています．物理的には繁栄を遂げた日本がつぎに目指すべきこととして，精神的な豊かさの実現が唱えられているのです．しかしながら，近年の状況として，日本の社会はストレスがますます増加

し，国民のメンタルヘルス（心の健康）は悪化する傾向にあるといえるのではないでしょうか．

　筆者がかかわっている教育臨床や産業心理臨床の領域においても，いわゆる「うつ病」や不安障害，パニック障害などを抱えて苦しんでいる人の数は，残念ながら増加傾向にあります．実際，うつ病は今や「こころのカゼ」と呼ばれるほど，身近な心の病気として捉えられています．また，不況や成果主義といった職場環境の変化にともなって，働く人のメンタルヘルスも悪化する要因も増えており，心の病気による休職者も後を絶ちません．それは，先述の「感情労働」の問題とともに，対人援助職にとっても同じ状況です．

　本節では，いまやごく身近なメンタルヘルス不調の現象となってしまった抑うつ症状や不安感に苦しむ人への心理療法として，近年注目されている認知行動療法について紹介します．

(1) 認知行動療法

　認知行動療法（Cognitive Behavior Therapy : CBT）とは，その名のとおり認知療法と行動療法を源流としています．認知療法は，1960年代にベック（Beck, A. T. : 1921-2021）によって提唱された心理療法で，人間の感情はある出来事をどのように解釈するかで決まるという考え方を基本にしています．

　この療法では，たとえば，抑うつ的なクライエントが出来事に対して悲観的となりがちであることや，ごく限られた経験から判断しようとする「過度の一般化」の修正を行います．また，良いか悪いかのどちらかにこだわり，その中間を認めないといった極端な考え，そして「〜せねばならない」「〜すべきだ」という不合理な信念が，認知の歪みとして治療の対象となります．

　では，認知の歪みはどこから生まれてくるのでしょうか．それを理解するうえで重要となるのが，「自動思考」と「スキーマ」というキーワードです．認知療法では，人の感情は思考のあり方に大きく影響されるという立場をとります．その人の思考のあり方を左右しているのが，自動思考とスキーマなのです．自動思考とは，勝手に浮かんでくる考えやイメージのことです．そしてスキーマとは，自動思考を生み出す考え方のクセのようなものです．

　たとえば，仕事で何か予想外の課題を抱えることになったとき，急に不安に包まれ，「自分には対処する能力がない」とか「周りの人は誰も助けてくれない」といった考えに支配されるとします．このような考えの一連のプロセスが自動思考です．そして，この自動思考の基となる「完璧にやり遂げないといけない」や「誰にも迷惑をかけてはいけない」などの考え方の枠組みがスキーマなのです．認知の歪みを修正するには，まずは自らの自動思考に気づき，それを大きく左右するスキーマをコントロールすることが必要になるのです．

　行動療法については，前節で述べたとおりです．認知行動療法では，対象となるクライエントの症状や状況に合わせ，2 つの療法による技法を組み合わせた治療プログラムのパッケージが次々と開発されてきています．治療においては，偏った考え方のクセを修正し，症状につながる行動を変えていきます．精神科治療においては主流の薬物療法と同じぐらいの効果があるとする研究結果もあり，併用するとより高い効果を示すデータも多く見受けられます．

　認知行動療法では，ある出来事に対する人間の反応は，「気持ち」「体」「考え（認知）」「行動」の 4 つに出ると考えます．そのうち，ある程度，頭でコントロールできる「考え（認知）」や「行動」を修正し，「気持ち」や「体」への影響をプラスに変えることを目指します．

　具体的な治療方法は，まずクライエントの抱える問題を，環境，行動，認知，情緒，身体，動機などといった観点から構造化し整理するところから始めます．それらをふまえて，「何ができるようになりたいか」といった目標を明確化し，症状の由来や仕組みについてクライエントと共に検討しながら，目標を達成するための技術を選択していきます．そのうえで，先述のような極端な考えを見直す思い込みを修正する方法や，ゆっくりと呼吸をして不安感を軽減する「リラックス法」などを実施していくことになります．

　これらのように，認知行動療法では，認知療法的なアプローチによるクライエントの理解に基づき，行動療法から具体的な支援方法を選択し，活用していくというプロセスに沿って両療法の組み合わせを行います．また，治療効果という点からは，認知行動療法の特徴としては，精神分析や来談者中心療法にくらべて，短期間で観察可能な効果が示されるといえます．さらに，再発率も少

ないということが示されています.

(2) 論理療法の実際

ここでは,認知行動療法の中から,ストレス対策に活用できるカウンセリングの理論および技法として,クライエントの認知を変えることで問題解決を図る論理療法を紹介しておきたいと思います.

論理療法 (Rational Emotive Behavioral Therapy) とは,米国の心理学者アルバート・エリス (Ellis, A. : 1913–2007) によって1955年頃から提唱され始めた心理療法で,理性感情行動療法と訳されることもあります.

ごく簡単に論理療法の骨子を説明すると,その人のもっている問題に対する認知 (認識) を変えることで問題解決を図っていくプロセスを基本にした療法ということになります.ストレスに起因する問題の中でも,とくに人間関係のもつれや性格の悩みなどの解消に適しているとされています.つまり,ストレス反応が生じる可能性の高い出来事が起こったとき,人は自分の信念体系 (ビリーフ) によってその出来事を受けとめ,何らかの情動および行動を起こすからです.論理療法では,その出来事が直接的に結果に結びつくのではなく,信念が結果を左右するということになります.

論理療法はまた,ABC 理論の名でも知られており,A は出来事 (Activating Event) で,その人に関わる出来事を指します.B は信念 (Belief) で,その人が出来事をどう捉えるかということです.そして C は,結果 (Consequence) のことで,その人の情動的・行動的反応や,ビリーフをもち続けた結果を指しています.この ABC 理論をふまえて,論理療法ではクライエントに非合理な信念に代わって問題を軽くする思考スタイル,つまり合理的な信念を用いるように勧めていきます.信念の変更にクライエントが抵抗を示す場合は,十分に話し合い,そのうえで実際の場面で合理的信念を適用する宿題を課すこともあります.

たとえば,ある社員が「上司ににらまれたらもう終わりだ」という思い込み (ビリーフ) のために落ち込んでいるとします.このとき,「上司ににらまれたからといって首になるわけではない.あと5年も辛抱すれば,上司は転勤して

いなくなるかもしれない」と考えれば気が楽になるかもしれません. これが信念の変更です. またこの例では, 上司に好かれるよう実際に努力することも解決策の1つとなりますが, その場合は出来事を変えることへの取り組みといえるでしょう.

　ABC理論から, たとえ同じ出来事（A）を体験したとしても, その人の信念（B）の持ち方しだいで, 受ける結果（C）が変わってくることがわかります. それだけに, 自分が不合理な思い込みに縛られていないかどうか, チェックすることの意義は大きいのです.

　そこで, 不合理な思い込みにおおむね共通する特徴を紹介します. それは, 「〜ねばならない」「〜べきだ」という述語で表せる信念の在り様です. たとえば, 「みんなに好かれることが大切だ」とは, 「みんなに好かれるべきだ」とも言い換えられることになります.

　この「〜ねばならない」「〜べきだ」は, じつはある種の職業に就いている人が抱え込みやすい思い込みとされています. その職業とは, 広い意味での対人援助職です. ここでいう対人援助職とは, 医師や看護師などの医療職をはじめ, 福祉職やカウンセラーはもちろん, 教師や警察官も含めて, 他者の人生や生活の援助に関与する立場にある専門職を指します. 共通して言えるのは, 責任感が強く, 他者の役に立ちたいと思う反面, 自分には厳しいということでしょうか. 読者の中にも, 心当たりがある人はいないでしょうか.

　いわゆる「〜ねばならない」「〜べきだ」思考に縛られていると, 知らず知らずのうちに過剰なストレスを溜めこんでしまいます. そしてある時, 何らかの出来事をきっかけに, メンタルヘルスを大きく損ねてしまうことにもつながりかねないのです.

　では, 「ねばならない」「べき」思考をやめるには, どうすればいいのでしょうか. それは, 不合理な思い込みを「書き換える」ことです. 「みんなに好かれるべきだ」なら「みんなに好かれるにこしたことはないが, 必ずしもそうでなくてもよい」というように. また, 「為せば成る」は「どうしても成らないことだってある」という感じでしょうか.

注
1）　例えば精神分析では，フロイトが晩年，生（エロス）の欲動と対立させて導入した死の欲動（タナトゥス）という概念には言及していないことなど．
2）　一般には，女性が感情を爆発させて騒ぐようなイメージがあるが，医学的には，身体的には異常がないにもかかわらず，立てない，目が見えない，痙攣といった種々の症状が現れることを意味する．「転換ヒステリー」ともいう．
3）　心的外傷後ストレス障害（Post-Traumatic Stress Disorder）の略品．心身に危険が及ぶような極限状況やそのような不安が常時続くような状況で起こる心身障害をさす．事故，災害，戦争，被虐待，犯罪被害などによる．日本では，1995年の阪神・淡路大震災の後遺症などで知られるようになった．
4）　久保美紀「生活場面面接」，成清美治・加納光子編『現代社会福祉用語の基礎知識』学文社，2001年，p.130.
5）　性器の結合によって満足を得ようとする成人の性欲とは異なり，幼児が口唇，肛門，ペニスなどの部分的な身体部位に快感を求める欲求のこと．
6）　Rogers, C. R., "The Necessary and Sufficient Conditions of Therapeutic Personality Change," *Journal of Counsulting Psychology*, 21, 1957, pp.95-104（伊東博訳「パーソナリティ変化の必要にして十分な条件」，伊東博編訳『サイコセラピィの過程』ロジャーズ全集第4巻，岩崎学術出版社，1966年）.
7）　ここでは，よりわかりやすい記述であることから，白石による訳文を引用することにした．白石大介『対人援助技術の実際——面接を中心として——』創元社，1988年，pp.137-139.
8）　対人恐怖などにより自己主張できないクライエントに対して，人前で主張する訓練を繰り返し，要望や断りなど，自己主張することに慣れてもらうことで，緊張や不安を軽減させる方法．
9）　対人場面での適切なコミュニケーションを可能にする技能（社会的技能）を習得するための訓練プログラム．基本的な技法は，モデリングとロールプレイによる体験学習である．

参考文献

大野裕『こころが晴れるノート——うつと不安の認知療法自習帳——』創元社，2003年.
國分康孝『論理療法の理論と実際』誠信書房，1999年.
佐治守夫・飯長喜一郎編『ロジャーズ　クライエント中心療法［新版］』有斐閣，2011年.
祐宗省三・春木豊・小林重雄編『行動療法入門——臨床のための理論と技法——』川島書店，1984年.
前田重治『図説臨床精神分析学』誠信書房，1985年.

コラム
3

理論の独自性と普遍性

　もしも「あなたは常識人ですか？」と問われたら，どのように答えますか．「もちろんです」「そんなのは当たり前だ」と応じるでしょうか．中には「私をバカにしているのか」と言いたくなる人もいることでしょう．

　そもそも，常識とはどのようなことをいうのでしょう．たとえば，広辞苑（第7版）によれば「普通，一般人が持ち，また，持っているべき知識．専門的知識でない一般的知識とともに，理解力・判断力・思慮分別などを含む」とされています．そうだとすれば，対人援助職のほとんどは常識を備えた方であると思います．

　それでも，常識のある人として見られることに，違和感を覚える人もいるのではないでしょうか．常識人という言葉には，平凡，ありきたり，個性に乏しいといった，どこか地味でネガティブな感じが漂っているからでしょうか．

　コミュニケーションにおいて，常識が災いして相手との信頼感を損ねてしまう場合があります．たとえば誰かの相談に乗っている時に，「普通は〜だろう」とか「世間は〜というものだ」といった物言いは，相手の事情や問題を決めつけているように伝わるものです．

　大切なのは，相手を唯一無二の存在として捉え，十把一絡げに扱わないことです．そのためには，相手を「個別化」してしっかりと話を聴き，その上で自分の意見を素直に伝えることです．

　では，常識とは古い慣習や考え方で人々を縛る，いつかは乗り越えられるべき遺物に過ぎないのでしょうか．そうは言い切れないと思います．世の中に何でも疑う相対主義が蔓延すれば，逆に「何でもあり」の風潮が広がって，心の拠り所も失われてしまうでしょう．

　したがって，常識には私たちを縛る側面と，生きていくうえで不可欠な安心と信頼をもたらす側面の両方あるようです．私たちは，常識とうまくバランスをとりながら付き合っていくことが必要だと思います．

　そこで，常識のもつ両側面を実感した私の体験をご紹介します．「価値の序列」という，企業の社員や対人援助職への研修でよく使うワークシートがあります．私はこれまで，のべ千人以上にこのワークを実施してきていますが，その結果にまつわる話です．

　そこでは「愛」「健康」「富」「名声」「自己実現」などといった抽象的な言葉が8つ並んでいて，まずは個人で大切だと思う順位を考えてもらいます．つぎに，個人ワークの結果を踏まえて，同じ課題を今度は5〜8人位のグループで話し合ってもらい，グループとしての結果をあらためて決めてもらいます．

　すると，ほとんどの人が，最初の個人による順位とその後のグループによる順位の結果にズレが生じます．つまり，話し合いを通して個人の意見が修正されるというわけです．このことから得られる気づきとして，自分が常識的だと思う判断は，あくまでも個人的な価値観によるもので，人それぞれに違いがあるということです．

　ところがもう1つ面白いことが見えてきます．それは，グループの結果を発表してもらうと，細かい順位の違いはあるものの，ほとんどのグループの結果には共通の傾向があることです．それは，多くのグループで「愛」か「健康」が第1位であり，「富」や「自己実現」などを挟んで「名声」が最下位になるという結果です（対人援助職の場合）．

　人には個別の違いがあるけれど，常識という大きな土台が私たちの日常的な安心を支えている，ということでしょうか．

　このことは，カウンセリング理論についてもいえるのではないかと思います．精神分析，来談者中心療法，行動療法といった代表的な学派には，いずれも独自の理論と技法があり，これらの理論の間にはまったく逆ではないかと思われる考え方もあります．

　それでも，各理論による支援の実践がクライエントの問題解決をサポートし，ときには癒し，またときにはクライエントの心の成長を促します．そこには，先述の「常識という土台」に相当する，普遍的なかかわりの力が働いているからではないかと思います．

　私は，カウンセリング理論にも共通する土台として，クライエントの人格を尊重しつつ受けとめ，相手を理解しようと積極的に傾聴する態度が存在するからだと確信しています．

第II部

実践・応用編

第4章　対人コミュニケーションのスキル

　第Ⅰ部では，主に対人援助者として身につけておく必要のある姿勢や態度，そして代表的なカウンセリング理論の基礎知識について述べてきました．第Ⅱ部では，第Ⅰ部の内容を踏まえて，カウンセリングを対人援助の実践に活かしていくための技法について検討していきます．

　これまでも述べてきたように，本書では，医療や福祉をはじめとする，利用者への支援をチームによって行う活動にカウンセリングを役立てていただくことを主眼に置いています．そこで，専門職同士のコミュニケーション，多職種間のコミュニケーション，マネジメントや人材育成なども視野に入れつつ，カウンセリングと関連するコミュニケーション技術についても述べていきます．

　さらに，援助者自身のストレス・マネジメントやセルフケアにも言及し，対人援助職の方々が，カウンセリングの理論と技法を活用することで，いきいきと支援に携わることができるための方法などを展開していきます．援助者自身へのメンタルケアを大切にすることは，患者や利用者への援助の質と効果を高めることにつながるからでもあります．

　それでは，さっそく第Ⅱ部　実践・応用編を始めます．まずは第4章として，対人コミュニケーションのスキルについて述べます．本章では，あらためてコミュニケーションのあり方，枠組みを提示し，その中で「非言語」の重要性を確認します．その上で，主に「マイクロカウンセリング」の体系に沿いつつ，傾聴の重要性を再確認するとともに，利用者に対してやスタッフ間の有効なコミュニケーションを図るためのスキルについて解説します．

《1》 コミュニケーションの仕組み
──非言語の重要性──

(1) コミュニケーションの意味

　対人援助職には，それぞれの分野における専門知識とともに，高度なコミュニケーション技術を身につけていることが求められます．それは，端的に言うと，「人とうまくかかわる能力」です．なかでも，人とうまくかかわるための基盤として，「聴く力」が備わっていることが不可欠といえます．

　上記の記述は，第1章の冒頭で述べたことです．今日，私たちの日常語となっているコミュニケーションという言葉ですが，厳密にはどのようなことを意味し，どういった要素から構成されているのでしょうか．本章では，まずはコミュニケーションの意義や種類などを確認するところから始めたいと思います．そこから，具体的な対人援助の場面で役立つ，コミュニケーション技術のあり方について考えていくことにします．

　一般に，コミュニケーションとは，社会生活を営む人々の間で行われる知覚・感情・思考の伝達を意味しています．また，言語や文字などの視覚・聴覚に訴える各種のものを媒介とし，次の5つの要素から構成されています．それらは，① 刺激，② 送り手，③ メッセージ，④ 伝達経路，⑤ 受け手，となっています[1]．

　このように，コミュニケーションという言葉は，意思や情報を「伝達する」という意味で使われることが多いようです．しかしそれだけではなく，もともとこれは，「共有する」「分かち合う」という意味のラテン語 Communicare からきた言葉であり，人間同士のふれあいの過程を通して，そこに交わされているものを「共有化する」という意味で捉えることが重要です．

　通常の対人関係においては，コミュニケーションのメッセージが送り手から受け手へと一方通行的に伝達されるのではなく，いわば両面通行的なコミュニケーションが成立しています．そこでは，あるメッセージが伝達されるたびに，返答等が別のメッセージのための刺激となるため，交互に送り手と受け手の役割が変わる双方向的なコミュニケーションが成り立つのです．

　実際のコミュニケーションの場面は，「話す」「書く」という情報発信の部分と，「聴く」「読む」という受信の部分で構成されています．したがって，情報を発信する側とそれを受信する側の双方に共同作業の認識がないと，コミュニケーションは機能しません．そこで，発信者のメッセージを積極的に受けとめる聴く力が求められることになるのです．

　本章では，医療や福祉をはじめとする対人援助の基本的な技術として，コミュニケーション技法の実際について述べていきます．ただし，先述のように，対人援助におけるコミュニケーションにおいては，技法を使う前に，援助者の基本姿勢や態度が重要になります．それはすなわち，いかにしてサービス利用者に寄り添って「聴く」ことができるかにかかっています．

(2)　コミュニケーションの種類

　コミュニケーションには，話し言葉による音声言語を中心とする言語的な手段を用いた「言語的コミュニケーション」と，身ぶりや表情，視線，姿勢，服装といった非言語的な手段を用いた「非言語的コミュニケーション」があります．この両者が互いに相補性をもちながら，全体的なコミュニケーションを形成しています．

　上記の言語的コミュニケーションと非言語的コミュニケーションという用語は，じつはすでに，本書で一度触れています．それは，第1章にて述べたカウンセリングの定義に含まれていました．以下に再掲します．

　　一般にカウンセリングとは，さまざまな相談援助活動において，心理的な適応上の問題に対してなされる援助過程をいいます．この過程は，クライエントと呼ばれる相談サービスの利用者とカウンセリングを担うカウンセラーとの，主に面接場面において**言語的および非言語的コミュニケーション**による相互的な心理作用を通して行われます．そのことによってクライエントの抱える問題を解決し，パーソナリティや行動の変容を試みるのです (p. 14).

　このように，日常のコミュニケーションだけではなく，カウンセリングとい

う専門的な相談援助においても，2種類のコミュニケーションを相互に駆使することによって効果を示すことができるということなのです．そのためには，双方のコミュニケーションの特性を理解し，かつ実際に支援の実践に活用できるようにスキルを習得しておくことが必要となります．

　以下に，両コミュニケーションの特性について説明します．

言語的（バーバル）コミュニケーション

　言語的コミュニケーションとは，話し言葉や文字などを通したコミュニケーションのことをいいます．私たちは日常生活において，会話や書かれたものによる「言葉」という言語的な情報を媒介として意思疎通を図っています．実際，他者との情報交換の多くは，言葉のやりとりによって成立しています．また，感情の表現においても言葉は用いられており，内面も含めた事実や現象の大半は，言語的コミュニケーションによって伝達されるといえます．

非言語的（ノンバーバル）コミュニケーション

　非言語的コミュニケーションとは，言葉や文字以外によるコミュニケーションのことです．具体的には，身ぶり，手ぶり，表情，動作，視線，姿勢，声の調子，話す速度，位置関係，距離などを意味しています．

　アメリカの心理学者，メラビアン（Mehrabian, A., マレービアンとも表記される）は，話し手が聞き手に与える影響がどのような要素で形成されるか測定し，「メラビアンの法則」を導き出しました．そこでは，話し手の印象を決めるのは，言語情報（言葉・文字）による言語的コミュニケーションの要素は全体のわずか7％に過ぎず，残りは視覚情報（態度）55％，聴覚情報（声の調子）38％という，非言語の要素によって大部分の印象が決まると結論づけています[2]．

　非言語的コミュニケーションは，感情を伝えたり，相互に情緒を通わせ，理解し合ったりするのに適しています．そして先述のように，言語的コミュニケーションと非言語的コミュニケーションは相互補完的に機能しているのです．したがって，対面では言語と非言語の両方を活かすことにより，はじめてコミュニケーションを図っていくことが可能となるのです．

　なお，論者により，言語と非言語の中間的な位置づけとして，準言語レベルのコミュニケーションを設定していることもあります[3]．準言語とはいわゆる語

調のことで，音の強弱，長短，抑揚，発話の速さなどを指します．

　また，渡部富栄は，言語と非言語に加え，コミュニケーションの構成要素として<ruby>コンテキスト<rt>（文脈）</rt></ruby>とノイズ（阻害要因）を挙げています[4]．それはつまり，同じメッセージでも，コンテキストが変わると意味が異なり，効果が変化する場合があるということです．ノイズについては，同じ言語でも年齢や性別，国や地域の違いで，微妙に伝わり方が違うことがあり，そのためにコミュニケーションがうまくいかなくなることを指します．

　いずれにしても，コミュニケーションを理解するうえでポイントとなるのは，コミュニケーションは大きく言語とそれ以外（非言語）の部分に分かれるということを押さえておくことです．そして，コミュニケーション全体においては，非言語の要素が大部分を占めているということです．一般的には，非言語の占める割合は8割以上に及ぶといわれています．

(3) 対人援助におけるコミュニケーション技術の重要性

　これまで述べてきたように，コミュニケーションは，対人援助の実践においても重要な要素です．支援の過程において，利用者と援助者の間には，膨大な量のコミュニケーションが交わされ，そのやりとりを通じて，両者の間に信頼関係が築かれていきます．そのうえではじめて，効果的な援助のプロセスが展開されていくことになります．

　利用者との間にしっかりとした信頼関係が築かれていなければ，問題解決を図るどころか，利用者の抱える真のニーズさえ把握することが困難となります．したがって，コミュニケーションについての知識と適切なスキルを身につける必要があります．対人援助者にとって，コミュニケーションのあり方について学び，効果的なコミュニケーション技術を習得することは不可欠の要件といえます．

　なかでも，非言語的コミュニケーションの理解と実践における活用によって，対人援助者が利用者に対する共感性，思いやり，あるいは尊敬の念を抱き，さらにそれらのことを効果的に伝えることが可能となるのです．援助者は，利用者がこの人ならば本音を訴えられる，語ることができるという雰囲気を提供す

ることが必要です．それはつまり，「この人なら聴いてもらえる」「この人に話せば，わかってもらえる」「この人ならこんな話をしても否定しない」という気持ちを利用者が持てることを意味します．

　対人援助の実践において基礎となるのは，利用者の話をしっかり「聴く」ことですが，これは利用者が言語的に伝えるものだけではなく，表情，動作，声の調子といった非言語的コミュニケーションにも気を配ることを含みます．それらによって，言葉の背後にある感情に気づくことにつながるのです．このようにして得られた理解を，援助者は利用者に的確にフィードバックし，両者による相互作用を重ねながら援助のプロセスを展開していくのです．「話し上手は聴き上手」とは，まさによく言ったものです．

　さらに，利用者の話を傾聴するうえで，対人援助者は相手の話の背景にある思いや立場にも気持ちを向け，利用者が抱える感情を理解しようとすることが肝要です．とくに感情は，態度や表情といった非言語的な部分で表出されることから，非言語的コミュニケーションの機能もよく認識し，理解しておく必要があるといえます．

　ダンカン（Duncan, S.）は，非言語的コミュニケーションを次のように分類しています[5]．

① ジェスチャーや身体の動き．これには顔の表情や眼の動き，それに姿勢などが含まれる．
② 音質，訥弁（つかえ，口ごもりなど），言語外の音声（笑い声，あくびなど）といったもの．
③ 3人での空間利用法や人が空間を利用して他者にいろいろの事柄やシグナルを伝達するあり方などについて研究する領域．
④ 香りや匂いなど嗅覚作用に関するもの．
⑤ 皮膚接触もしくは皮膚で触感や温度などを感受するもの．
⑥ どのような服装や化粧品などを用いて自己表現しているか．それにより何を伝達しようとするかなど．

　これらのように，非言語的な側面の臨床場面や相談場面への応用はじつに幅

広く，利用者との信頼関係を築いていくうえでも有効な手段となりうるのです．たとえば，ハース（Hease, R. F.）とテッパー（Tepper, D. T.）も，相手に共感していることを示すには，言語的コミュニケーションよりも非言語的コミュニケーションの方が有効であるとしています．そして，具体的には「適度な視線」を向け，「前傾の姿勢」をとり，「近接距離をとる」ことによってより効果があると報告しています[6]．

(4) 伝達と相互理解の促進のために

　医療や福祉に限らず，ヒューマンサービスに携わる専門職は，半ば無意識に専門用語や略語を用いることが多くなりがちです．たとえば，「ラポール（信頼関係）」「クライエント（利用者）」「ケアマネ＝ケアマネジャー（介護支援専門員）」「QOL＝クオリティ・オブ・ライフ（生活の質，人生の質）」といったように，専門家以外にはなかなか理解しにくい用語を日常的に使用しています．

　しかし，援助者は，利用者やその家族とコミュニケーションを図る際には，情報の共通理解のために，できるだけ専門用語を使うのを控え，誰もが理解できる平易な言葉を用いることを心掛けるべきです．第1章でも述べたように，近年，医療の領域を中心に，インフォームド・コンセントが重視されるようになってきています．さらに最近では，インフォームド・コンセントよりも患者の自己決定権が強くなった概念として，「シェアード・ディシジョン・メイキング」（Shared Decision Making）[7] という新たな概念も注目されています．そのような状況にあって，医療従事者は，患者およびその家族に対して十分な情報を提供することが不可欠となります．それは，カルテの開示といったことだけではなく，患者が「十分な説明を受けたうえで同意」し，自己決定を行うことが可能となるよう，支援をしていくことが必要となります．

　医療に限らず，種々の対人援助分野においても，専門職が正しい情報を利用者・家族に対してきっちりと伝え，納得の上で支援に係る合意を得ることが重要であり，その必要性はますます高まってきているといえます．インフォームド・コンセントに限らず，重要な伝達を行う際には，行き違いや誤解等を回避する必要があります．そのためにも，口頭だけではなく，できるだけ文書を用

いて互いに確認しておくことが望ましいでしょう．その場合も，誰もが理解できる言葉を用いて，客観的に記述することが専門職には求められます．

《2》傾聴・面接技法の展開

(1) カウンセリング理論に共通するコミュニケーションのあり方

　カウンセリングの理論を実際に活用して，利用者との良好なコミュニケーションを図っていくには，具体的にどのような手順で進めていけばいいのでしょうか．ただし，第3章で述べたように，カウンセリング理論には，じつにさまざまな学派や技法があります．代表的なカウンセリング理論に限ってみても，相互にその基盤となる考え方には大きな違いがありました．

　たとえば，学習理論に基づいた行動療法に対し，精神分析や来談者中心療法を伝統的な療法と位置づけて比較すると，以下のような特徴を挙げることができます．まず，行動療法の長所としては，① 全般的に治療期間が短い，② 短期間のため経済的なコストが低い，③ 科学的，客観的で，伝統的な療法のあいまいさがほとんどない，などです．

　一方，内的世界の変容に治療の中心を置く伝統的な療法の立場からは，行動療法に対して次のような批判があります．① 症状除去にのみ重点を置き，原因を取り除かないために症状の再発や代理症状が発現する，② 治療手続きが表面的，機械的であり，ときにはヒューマニズムに反する治療操作が行われる，③ 治療における人間関係を重視しない，などがあります．このような批判に答えて，アイゼンクやウォルピは，行動療法は伝統的な療法よりも治癒率が高く，症状の再発や置換はほんのわずかにすぎず，また，②，③の点に関しては誤解によるものと反論しています．

　上記のように，代表的なカウンセリング理論においても，真っ向から対立する主張がみられます．それらの違いを超えて，クライエントの抱える問題の解決に向けた有効な支援を行う術とはどのようなものでしょうか．そして，カウンセリング理論に共通するコミュニケーションのあり方というものは，はたして存在するのでしょうか．

　もちろん，それはあるといえます．たとえば，精神分析と行動療法のように，利用者観をはじめ，人間の捉え方が非常に対照的なカウンセリング理論の間にも，クライエントとのかかわりについては，共通する土台があるのです．それは，いずれの理論に基づく支援や療法においても，クライエントの人格を尊重しつつ受けとめ，受容と共感の姿勢を示しつつ，理解しようと積極的に傾聴する態度が不可欠だということです．

　クライエントとの信頼関係を築き，傾聴の姿勢でかかわることは，来談者中心療法だけではなく，すべての対人援助において援助者に求められる要件といえます．行動療法や認知行動療法など，カウンセラーがクライエントに課題を出すことが珍しくないような療法においても，カウンセラーに対する信頼感が欠けていれば，クライエントの援助に対する動機づけは乏しくならざるを得ません．また，クライエントが自分の気持ちをある程度は受けとめてもらえているという実感がなければ，面接が継続することも困難になるのではないでしょうか．

　じつは，カウンセリング面接では，今やほとんどの臨床家は単一のカウンセリング理論に偏ることなく，さまざまな技法を折衷的に組み合わせて実践していることが多いのです．臨床家自身が養成機関等で専攻した領域として身につけてきた理論に拠りながらも，実際の相談場面では他理論に基づく技法も採り入れて実践しているケースも少なくありません．

　たとえば，ソーン（Thorne, F. C.）の折衷法といわれるものは，ケースによって非指示的あるいは指示的方法を使い分けます．初回面接ではほぼ非指示的に始め，主として感情や情緒の問題と判断されるときは非指示的態度をさらに進めていきます．一方，知的，技術的，環境的な問題と思われる場合は指示的態度をとるといったやり方で，状況の変化に応じ適宜異なった方法を加味したアプローチを行います．指示的なアプローチを必要とするものは，重篤な精神障害や知的障害を抱えている人，そして劣悪な環境に置かれている人などを挙げています[9]．

　実際，折衷的心理療法として，解決方法を1つに絞らず，クライエントの症状にあわせて，その人にとってよりよいと思われる方法でカウンセリングを行

うことを標榜している相談機関もあります．筆者も，今日の複雑多様化した社会と生活状況を鑑みると，対人援助者は自分の専門性に利用者を当てはめるのではなく，利用者の抱える問題に合わせて援助方法を組み合わせ，折衷的なアプローチをとることが望ましいと思います（CASE ⑤ 参照）．

(2) 実践におけるカウンセリング理論の活用

　カウンセリングを含めて，対人援助の人間関係において，援助者が心掛けるべきなのは「あること」（Being）と「なすこと」（Doing）の両面があるとされます．「あること」とは，カウンセラーがクライエントと良好なコミュニケーションをとり結ぶための考え方，姿勢や態度などのことです．本書ではここまで，主に「あること」について述べてきました．

　そしてここからは，「なすこと」の方により重点を置いて，カウンセリングを活用した対人援助について展開していきたいと思います．「なすこと」とは，言うまでもなく，利用者との信頼関係を前提に，援助者が具体的な支援の働きかけをすることをいいます．

　ここではまず，実際に人間関係が進展していく流れについて確認しておくことにします．宮原哲は，コミュニケーション論の立場から，一般的な人間関係発展におけるコミュニケーションのプロセスについて，次の5つの段階に分けて示しています[10]．

CASE ⑤	私の折衷的カウンセリング事例

　筆者はかつて，ある自治体の教育センターで教育相談員（カウンセラー）をしていたことがあります．当時の私は，いわゆる「駆け出し」の頃で，特定のカウンセリング理論を自らの拠りどころとしていたわけではありませんでした．

　と言うより，何か1つの理論について，自分がある程度習得できたという自信が持てるような段階には程遠い状態でした．じつは今も，あまり変わりばえはしていないのですが……．

　それでも，自分なりには自然に来談者中心療法に基づいて面接を行うようになっていたように思います．あるとき，小学1年生の長男のことで来談された，

母親の坂部さん（仮名，以下同じ）と面接しました．主訴は息子のまことくん（仮名，以下同じ）の問題行動，そして夜尿がまだ続いていることでした．

　私は，坂部さんの語る話を傾聴し，できるだけ気持ちに寄り添うことを心掛けました（来談者中心療法）．坂部さんとはのべ20回ほどの面接を行いました．幸い，まことくんの問題行動は徐々に見られなくなり，それとともに夜尿も治まっていきました．

　ケースが終結した後，あらためて記録をまとめていたところ，本ケースでの自分の面接方法は，期せずして折衷的なカウンセリングになっていたことに気づきました．

　基本的な姿勢としては，受容・共感に基づく傾聴の姿勢で面接に臨んでいました．そのうえで，初回面接ではクライエントの成育歴や家族構成，生活歴などを聴きながら，問題の原因はどこにあるのかという，いわゆる診断主義（精神分析）的なアプローチをとっていました．

　その後，クライエント（母親）とまことくんに関する見立てが明らかになってからは，私は行動療法に則った治療方針を呈示し，坂部さんには日常での課題を提案していたのです．それはオペラント条件づけによるトークンエコノミーを活用した療法でした（pp. 64-65，表3-4参照）．

　本事例のように，私の場合は，クライエントの状況やニーズに合わせて，面談の流れの中で自然と折衷的なアプローチを採用しているケースが多いようです．

① 出会いの段階のコミュニケーション

　　短時間で相手に対するいろいろな印象を形成する．近づきやすそうな雰囲気をもっているかなど，非言語的コミュニケーションを直観的に駆使し，この先さらに関係を深めていくべきかどうかを判断する．

② 実験の段階のコミュニケーション

　　世間話や軽いおしゃべりをとおして相手のこと，そして自分と相手とのこれからの関係を相互に「探り合う」ステップ．

③ 関係強化の段階のコミュニケーション

　　実験の段階を経てきた2人の間には，相互の信頼関係が実を結ぼうとしている．普通の知り合いとでは話題にのぼらないようなことが打ち明けられるようになる．人間関係が発展し，当事者の間に相互依存の関係が生まれる．

④ 統合の段階のコミュニケーション

周囲の人間に対しても，その親密さを露呈するのがこの段階の特徴．2人の間ではコミュニケーションがさらに高コンテキスト（親密に文脈を共有）となり，相手の気持ちを察して，相手に代わって物事を判断したりするようになる．

⑤ 結束の段階のコミュニケーション

人間関係の発展でその頂点にくる段階で，2人の関係が結婚，契約などの形で社会的，法的に正式なものとなる．これは相手に対する責任を当人同士だけではなく，周囲にも約束することを意味している．

これらのプロセスは，通常の対人コミュニケーションにおいては，何度かの面談や会話の機会を経て発展していくものでしょう．しかし対人援助においては，初回面接など初めての出会いによって，少なくとも①～③の段階くらいまでは関係の構築を図っておくことが必要です．そのためには，相応の傾聴の姿勢とかかわりが実現可能で，ある程度の信頼関係が構築できなければ，支援の展開は困難に陥ると言わざるを得ません．

信頼関係を築くための基本的態度は，やはり受容と共感を心掛けることであり，「自己一致」「無条件の肯定的関心」「共感的理解」といったロジャーズの「パーソナリティ変化の必要にして十分な条件」の中核条件を満たすよう努めることだと思います．それは利用者にとっては，何よりも援助者の人格的な暖かさとして感じられるようです．

援助者の暖かさは，言葉掛けよりも非言語的なコミュニケーションによるところが大きいようです．ゆったりとした態度，柔和な表情，落ち着いた雰囲気やしぐさなどによって表現されます．援助者のこのようなかかわりによって，利用者は自分が受け容れられ，理解され，さらに尊重されているといったことを体験し，援助者との信頼関係が築かれるといえます．

本項の最後に，援助者が利用者との信頼関係を深め，援助の効果を高めていくための指針として学ぶことのできる，バイスティック（Biestek, F. P.）の「ケースワークの原則」[11]を紹介しておきます．彼による7つの原則は，対人援助職の

行動原理としても有名なもので，ソーシャルワーカーなどの対人援助職がどのような人間観，価値を前提にして，利用者とかかわる必要があるのかについて知ることができます．

① 個別化（クライエントを個人としてとらえること）（本書第1章にて言及）

　　クライエントを1人の独立した個人としてとらえること．1人ひとりの経験を尊重し，その人の話す内容を十把一絡げに扱わない．

② 意図的な感情表出（クライエントの感情表現を大切にする）

　　クライエントの気持ちを理解するために，クライエントが自由に感情を表現できる環境をつくれるようにかかわること．また，表出された感情を援助者が受けとめ，理解することが重要である．

③ 統制された情緒的関与（援助職者は自分の感情を自覚して吟味する）

　　援助者は，クライエントから表出された感情に巻き込まれないようにする必要がある．そのためには，援助者が自らの感情を理解し，吟味してクライエントと接していくことが重要となる．

④ 受容（受けとめる）

　　クライエントの抱く感情や価値観を批判するのではなく，あるがままに受け容れる．そこから，クライエントとの信頼関係を築く第一歩がはじまる．

⑤ 非審判的態度（クライエントを一方的に非難しない）

　　クライエントの考えや行動に対して，援助者は「善悪を判断しない」とする立場にあること．

⑥ クライエントの自己決定（クライエントの自己決定を促して尊重する）

　　クライエント自身のことを決めるのはクライエント自身である，とする考え方．援助者は，クライエントの意思を尊重しつつ，自己決定ができるための条件を整える援助を行う．

⑦ 秘密保持（秘密を保持して信頼感を醸成する）

　　援助者が，クライエントの秘密を保持することは義務であると同時に，信頼関係の基本となる．

　これらの原則には，価値的側面と技術的側面のどちらも含まれているといえます．

(3) カウンセリングの進め方

　それでは，カウンセリングの進め方を，実践の過程に沿って説明していきましょう．通常，心理治療を目的としたカウンセリングのプロセスは，初回面接，処遇決定，導入期，中間期，終結期の5つに分けられます[12]．

　上記のプロセスに対して，医療系の専門職の中には，いささかシンプルすぎる，という印象を持たれた方もいるのではないでしょうか．それは，この過程があくまでも相談室での面接によるカウンセリングを想定したものだからと考えられます．原則として，カウンセリング面接はカウンセラーが主導で進めていくというよりも，クライエントの主導によって展開が決まっていくものです．したがって，当初から綿密な段階を計画的に設定するというよりも，クライエントとカウンセラーの相互交流のなかから生まれてくる自然な流れを大切にするのです．

　本書は，医療や福祉をはじめとする，対人援助に携わる専門職の方が，実践現場においてカウンセリングをより有効に活用していただくためのものです．そのため，カウンセリング理論と技法を活かすフィールドとしては，主に医療機関や各種の施設を念頭に置いており，支援の形態としては生活場面接を想定しています．したがって，カウンセリングの進め方については，相談室での心理治療に限定したものではなく，より広く対人援助全般を視野に入れた支援のプロセスとして述べていきたいと考えます．

　そこでここでは，倉石哲也によるカウンセリングの過程(図4-1)に沿って，カウンセリングの進め方をみていくことにします[13]．倉石は，カウンセリング過程を，利用者がカウンセリング初期の生活ストレス状態（不健康な生活適応状態）から，援助者とのコミュニケーションを経て，より望ましい生活状態に至る過程を指すとしています．また，利用者のパーソナリティが安定し，人格的にも社会的にも成長する過程だと述べています．

　この考えは，カウンセラーだけではなく，多くの対人援助者が，支援実践の

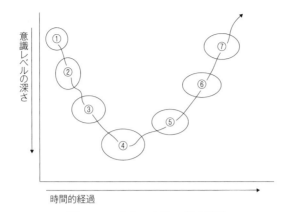

図4-1 カウンセリングの過程

（出典）倉石哲也「カウンセリング」，『新版・社会福祉学習双書』編集委員会編『社会福祉援助技術論』全国社会福祉協議会，2001年，p.198.

現場におけるさまざまな対人関係にカウンセリングの理論と技法を活用し，より質の高い支援を適切に行うことを目的とした，本書の趣旨と合致するものといえます．そこでは，援助者は下記のカウンセリング過程の全般を通じて，治療的というよりも人間的なかかわりを心掛けるようにします．

① 主訴

利用者が最初に訴える問題．この問題の背景には，言語化や意識化されにくい問題が隠れていると考えるのが一般的である．

② 具体的事実の聴き取り

主訴やそれにまつわる問題状況や葛藤について，生活レベル，状況や現象レベルで具体化する．たとえば，悩みごとの内容や頻度，あるいは程度について聴き取る．

③ 感情の表出

利用者は，訴えの内容が具体的になると，葛藤の状況を思い浮かべてその当時の感情が湧き出ることがある．感情の表出には共感的なかかわりが求められる．そのことによって，利用者は防衛を緩和させ，自

分自身の問題や葛藤と向き合えるようになる.

④ 主訴を含む複雑な葛藤や意見の表明

　カウンセリング過程の最も意識レベルの深いところである. それまで
の相談・援助の場面では表明されていなかった葛藤や気づきが深まる
段階で, 抑圧されていた思いが表明される. カウンセラーは利用者を
信頼し, 受容的な態度で傾聴を心がけるだけでなく, 積極的に質問を
投げかけたり解釈を述べたりすることで問題について話し合い, 理解
を深めていく.

⑤ 気づきの手がかり

　自分の問題や人間関係の取り方, 思考や行動のパターンなどに不健康
さが見られることに利用者が気づき, 同時に健康な自己表現の方法や
自己変容のあり方について検討が進む.

⑥ 具体的な手段や手続きの確保

　気づいたことを生活の中でどのように行っていくのかについて考えて
いく. サービスや機会の利用, 情報の獲得, 行動目標の設定などの具
体的な方法について検討する.

⑦ 実行

　援助者が利用者とカウンセリングの成果について話し合ったり, 利用
者の力を認めることで現実適応が進むことを支える段階. ⑥の段階で
終了する場合もある.

　これらの段階はあくまでも原則であり, 相談援助のすべてがこのとおりに進
むわけではありません. しかし, この過程のような道標がないと, 自分の援助
のあり方や現在地を見失ってしまうことになりかねません. カウンセリングの
過程とは, 言わば相談援助の一般的なロードマップとして考えるとよいのでは
ないでしょうか.

《3》マイクロカウンセリングに学ぶ
―――かかわり技法を中心に―――

(1) 実践的なコミュニケーション技法の実際

　対人援助における有効なコミュニケーション技法として，ここではアメリカのアイビィ(Ivey, A. E. : 1933-)が開発した，面接を中心とするコミュニケーション方法の体系である「マイクロカウンセリング」を紹介します.

　これは，カウンセリングという名前が付けられていますが，それだけではなく，ソーシャルワークや医療，教育，さらにはある種のビジネスも含めた，いろいろな対人援助に共通する基礎的な技法論として，近年注目を集めているものです. 日本には，1980年代半ばより導入され，今では一般の人々が日常生活の中で用いるコミュニケーション技法としても活用され始めています（ビデオ等の視聴覚教材も製作されています）.

　マイクロカウンセリングの特徴は，特定のカウンセリング理論にとらわれず，統合的に面接の技法を学習していくことにあります. アイビィは，さまざまな援助面接におけるコミュニケーション技法の単位をマイクロ技法と呼び，細かなステップに分けて，それぞれの場面でのレベルに応じたスキルを訓練することによって，総合的な面接技法が習得できるとしています. そして，マイクロカウンセリングでは，非言語的コミュニケーションを活用した技法が重視されていることも大きな特徴といえます.

　マイクロカウンセリングの基本的な枠組みは，カウンセリングで活用される技法を構造的に説明しています. そこでは，図4-2のように，三角形の階層図の下部が基本的傾聴の技法と呼ばれ，「かかわり行動」と「基本的傾聴の連鎖」から成り立っています. 中位部分が積極的なかかわりの技法，上位部分が統合的・応用的な技法として体系化されています.

　これらのうち，「かかわり行動」は，対人援助技術に共通の基盤となる部分とみなされています. また，カウンセリングやソーシャルワークの援助場面や相談・面接に限らず，広く他者の話を受けとめて聴くときの基本的なルールや

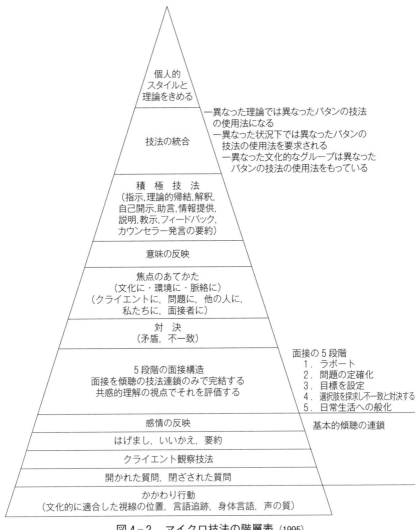

図 4-2　マイクロ技法の階層表 (1995)

(出典) 福原眞知子・アイビイ, アレン E.・アイビイ, メアリ B.『マイクロカウンセリングの理論と実践』風間
　　　書房, 2004年, p. 19.

マナーともいえます．たとえば，教育やビジネスなどの場面においても，円滑な人間関係をつくるために必要とされるベーシックなスキルだといえます．

　また，対人援助の過程における面接の対象は，クライエント個人だけではなく，家族，関係機関の専門職，地域住民などと広がる場合があります．たとえ対象者や場所の状況が異なったとしても，「傾聴」という基本的なかかわりのスタンスは変わりません．マイクロカウンセリングの技法は，幅広い援助場面において適用できる具体的で有効な面接技法なのです．

　図4-2の下部の基本的傾聴技法の中から，さまざまな対人援助職が相談室での面接に限らず，日常的に利用者と接する時や生活場面面接の際に活用できる技法について，かかわり行動，会話への導入（質問），明確化，要約技法，感情の反映，の5つを中心に順に見ていくことにします．

かかわり行動

　かかわり行動とは，英語の Attending Behavior を訳したものであり，クライエントに対して，傾聴の姿勢を示していることが伝わる行動としています．それを観察可能なものにするための具体的な非言語的スキルとして，下記の4つの項目が挙げられています．

① 視線を合わせる
② 身体言語に気をくばる
③ 言語的追跡
④ 声の調子

　カウンセリング面接において，「かかわり行動」を活用するとすれば，どのような場面状況が想定されるでしょうか．そこではまず，クライエントに対するカウンセラーの視線の合わせ方や体の向き，声の調子そして利用者の話題に関心をもつ態度等に注目することとなるでしょう．

　具体的には，援助者は利用者と話しやすい距離に位置を決めて座ります．そこで利用者の方に体を向け，少し椅子から乗り出すような姿勢をとって傾聴する態度で臨むのです．これは，先述のハースとテッパーによる見解と見事に一致しているといえ，「かかわり行動」は非言語的コミュニケーションの有効性

をあらためて示唆するものといえます.

　通常,相手に関心を向けることは,まず相手を見ることから始まります.話の内容や状況に応じて適切な視線を向けることで,「あなたの話を真剣に聴いています」という意思を伝えることができます.ただし,真正面から向き合うよりも,少し斜めに向かい合う,あるいはテーブルのコーナーをはさんで座るなど,利用者に圧迫感を与えないような工夫が必要となります.会話の表情は穏やかに,やさしい眼差しで応対を開始します.ゆっくりと落ち着いた声で,しかも利用者が聞き取りやすいようにはっきりと話すことが肝心です.利用者が語ることに対しては,あいづちを打ったり,適度にうなずいたりすることです.

会話への導入

　会話は挨拶から始まりますが,その後は質問をすることによって深まっていきます.質問は利用者に語ってもらうことが目的であり,そのことによって情報収集を行うとともに,利用者の考えや気持ちを理解していきます.利用者自身も,質問に答えることをとおして,心の整理ができます.質問技法には,「閉ざされた質問」と「開かれた質問」があり,状況に応じて使い分けることが重要となります.これらの違いは,質問された側(利用者)にとっての答えの自由度にあります.両者を適切に組み合わせながら活用することがポイントです.

① 閉ざされた質問:事実確認など,特定の情報のみを答えることになる.受け手は「はい」「いいえ」で答えられるような質問を行う.自由度は低く,援助者主導の技法である.連続して用いると話が途切れがちになり,対話が発展しなくなる.

② 開かれた質問:質問された側(利用者)が自由に語ることができるように促す質問技法.「そのことについてもう少し詳しく教えてもらえますか」「あなたはどのように思いますか」など.閉ざされた質問よりもはるかに自由度が高く,多くの情報を得ることが可能であり,面接の流れが深まる.

明　確　化

　まず相手がより話しやすくなるように働きかけたり，また話したいと思うよう動機づけを高めるかかわりといえます．たとえば，「ええ」「それで」といった「最小限度のはげまし」（激励ではない）によって会話をさらに促し，利用者が話した内容を他の表現でより簡潔に伝え返す「言い換え」などがあります．それだけに，援助者は，利用者の語る内容とその意図を正確に理解することに努める必要があります．援助者が，利用者の語った言葉の本質を捉えて，より適切に表現しなおすことができたとき，利用者は相手に理解してもらえたと感じることができるのです．

要 約 技 法

　利用者が話した内容をまとめて伝え返すことをいいます．要約は，利用者がある程度の時間をかけて話した量の内容を整理するのに役立ちます．また，話された内容や，利用者が言いたかったことの確認を行うためにも有効となります．面接の途中で話題が変わったりしたときなどには，利用者が語った言葉をそのまま使用して要約すると，援助者が自分の話を理解しようとしている姿勢が伝わります．さらに利用者にとっては，援助者が自分の話を批判せずに聴きながら，しかも話の要点が整理されていく体験をするため，援助者への信頼感もより高まっていくことになります．

感情の反映

　聴き手である援助者が最も注意を払わなければならないのが，利用者の感情が表現された「重要語」をキャッチすることでしょう．話が進むなかで，利用者はさまざまな重要語を言葉にします．重要語は利用者の主訴に関係が深いことが多く，その人の内的な感情表現を意味すると捉えられます．たとえば「つらい」「しんどい」といった言葉には，利用者の悩みの核心部分につながる喜怒哀楽や不安といった種々の思いが込められていることが多いのです．

　援助者が，話の展開の中でこのような重要語をキャッチし，その言葉をつぶやくように繰り返せば，利用者は自らの内面と関わりながら会話が進んでいることをおぼろげに感じるようになります．さらに，利用者に新たな気づきや洞察をもたらすきっかけを生むことにもつながるのです．

　重要語の反復と同様に，援助者が利用者の気持ちを理解し，利用者が抱いている感情を言葉にして返す（感情の反映），さらに利用者がはっきりと意識できていない複雑な思いを言葉で表す（感情の明確化）と，利用者の気持ちは癒され，感情の浄化作用が促されます．その結果，利用者が抱える問題を解決するために必要な力が生まれることが期待されるのです．

　上記のように，利用者の話に耳を傾けながらも，利用者の非言語的コミュニケーションにも注意を払いつつ，利用者の話を理解するよう努めていくことが必要です．また，利用者の気持ちをより深く聴くためには，効果的な質問をし，話をより促すための励ましや反復，要約等の技法を適切に用いることも重要になります．

　また，これらの技法をクライエントの状況に即した形で意図的・連鎖的に用い，信頼関係が形成されれば，クライエントは自身の内面を十分に探求し，問題解決に向けての気づきを得ることが可能となります．したがって，マイクロカウンセリングの基本的傾聴技法だけでも，十分なカウンセリングとなりうると考えられています．

(2) 非言語の表現に注目する「対決」技法

　図4-2の中位部分には，「対決（不一致や矛盾の指摘）」「焦点のあてかた」「意味の反映」「積極技法」など，より援助者からの影響力の強い技法が配置されています．「積極技法」には，指示・論理的帰結・解釈・自己開示・フィードバックなどが含まれています．これらはいずれも，クライエントの行動に変化をもたらし，問題解決に導くための技法といえます．

　これらの積極的なかかわりの技法の中で，ここでは1つだけ，「対決」の技法に触れておきます．この技法が，コミュニケーションの言語と非言語の両側面と密接に関連する内容を有しているからです．面接等において，利用者が話す内容（言語表現）と感情・態度・行動等（非言語表現）との間に，矛盾や不一致が見られることがあります．たとえば，利用者が家族との死別の話題を語りながらも，表情に笑みを浮かべていることがあります．また，楽しい思い出話をしていながら，その内容とは裏腹に視線に冷たさが感じられ，表情が曇ってい

るといったことなどです.

　このような場合，援助者は傾聴の態度を基本としながらも，利用者の言動の矛盾や不一致を指摘して，フィードバックを重ねていくことがあります．それによって，利用者自身が現実の姿を認識し，自己理解を深めていきます．そこでは，援助者は利用者が自らの中にある矛盾や非一貫性を整理していく過程を支持しながら，問題解決に向けた支援を展開していくことになります.

　ただし，利用者との信頼関係が十分に構築されていない状況で「対決」の技法を安易に用いると，批判や人格の否定として受け取られてしまうことがあり，利用者の衝動的な行動や面接の中断（Drop Out）を招いてしまうこともあります.

　したがって，「対決」技法は慎重に用いるべきであり，状況によっては利用者の矛盾や不一致を敢えて指摘しないまま利用者の気づきを促す，あるいは待つという判断も必要となります．「対決」の技法が，マイクロカウンセリングにおいて基本的な傾聴技法よりも上位の技法として位置づけられている所以です.

　さらに階層の上位部分には，さらなる技法の連鎖および面接の構造化，そして技法の統合といった高度な技法が配置されています.

(3) 沈黙の意義と対処法

　アメリカ人のアイビィによって開発されたマイクロカウンセリングでは，沈黙についてはことさらとり上げられてはいないようです．しかし，私たちに身近な東洋の文化においては，コミュニケーションにおける沈黙とは，重要な意義を帯びることがあります．対人援助の援助プロセスでも，利用者との面接等において沈黙の場面が訪れることがあります．会話がとぎれて沈黙が続くと，往々にして気まずい雰囲気になるものです．また，その雰囲気がお互いの重圧となって，援助関係が思わず滞ってしまうことがあります.

　しかし，専門的な援助関係においては，沈黙の訪れを否定的なものとは捉えません．むしろ沈黙とは，単に語られないということではなく，積極的で充実した存在として理解されるべきものです．したがって，沈黙とは，それをど

ように活用するかによって，援助の効果も変わってくると考えられるのです．

　一般に，面接場面での沈黙の意味は，利用者が不安や緊張を感じている，話すことへの抵抗や援助者への攻撃的感情を抱いている，自分の内面を洞察している，何を話せばいいのか当惑している，などと考えられています．援助者が沈黙と向き合うためには，沈黙の意味を理解し，それに応じた関わりを模索する必要があります．

　利用者が不安や抵抗を感じている場合，援助者は抵抗が生じるのは普通のことであると理解し，利用者の態度を受容することが求められます．利用者が自らの考えを整理し洞察を行っていると思われる場合の沈黙は，少し時間をかけて待ち，それでも続く場合は，沈黙になる直前の話題に戻り，話を再開させるのも1つの対処法といえます．

　ただし，対人援助職の言葉や質問の仕方が不十分なため，利用者が理解できていないこともあります．その時は，利用者はどう答えていいのか分からず，沈黙が生じてしまう場合があります．このような状況は支援にとって有意義な沈黙とはいえないので，援助者は自らの言動が相手にどう伝わっているかを十分に配慮する必要があるでしょう．

　いずれにしても，沈黙を尊重し，その意味を探りながら利用者の話に寄り添う，傾聴の姿勢と実践が重要となるのです．

（4）ボディランゲージを活用した支援の実践

　「かかわり行動」における非言語的スキルの1つとして，「身体言語に気をくばる」がありますが，そこでいう「身体言語」とは，「ボディランゲージ」(Body Language) とも呼ばれます．マイクロカウンセリングによる面接技法では，非言語的コミュニケーションが重要とされますが，「ボディランゲージ」とは具体的に，言語以外の身振り・手振り，ジェスチャー等を用いて相手に意思を伝える方法のことです．これらは，比較的接近した距離から親近感を示す手段としてとても有効とされています．

　医療や福祉（介護など）の実践においては，何気なく身体接触等を用いて，感情や認知に関する情報を伝えるためのボディランゲージを用いる場面がしば

しばあります．援助者が，意識的あるいは無意識のうちに行っているボディランゲージを，利用者は接触している身体の状態からとても敏感に感じ取っているものです．

　たとえ同じボディランゲージで対応しても，受け取り方が異なることもあります．また，ボディランゲージを特定の利用者だけに実施することで，被差別意識や嫉妬を生み出すこともあるため，周囲の状況に配慮して用いることが不可欠です．さらに，異性間だけに限らず，ボディランゲージを実践する場合は，セクシャルハラスメントと受け取られることもあるので，実践には信頼関係の確立が大前提になるといえます．

注

1）　黒木保博「コミュニケーション技法」，社会福祉教育方法・教材開発研究会編『新社会福祉援助技術演習』中央法規出版，2001年，pp. 50-55.

2）　マレービアン，A.，西田司他共訳『非言語コミュニケーション』聖文社，1986年.

3）　諏訪茂樹『対人援助とコミュニケーション 第2版——主体的に学び，感性を磨く——』中央法規出版，2010年.

4）　渡部富栄『対人コミュニケーション入門——看護のパワーアップにつながる理論と技術——』ライフサポート社，2011年，pp. 8-10.

5）　Duncan, S., "Non-verbal Communication," *Psychological Bulletin*, Vol.72, No 2, 1969, pp. 118-137.

6）　Hease, R. F. and Tepper, D. T., "Non-verbal components of empathic communication," *Journal of Counseling Psychology*, 19, 1972, pp. 417-427.

7）　医療者と患者が情報を共有したうえで一緒に意思決定すること．患者も医療チームの一員として，自分の意思を伝え，積極的に治療の選択に参加することで，納得して治療法を選択できるようになると期待される．

8）　白石大介『対人援助技術の実際——面接を中心として——』創元社，1988年，pp. 141-142.

9）　古今道雪雄『新・あるカウンセラーのノート』関西カウンセリングセンター，1994年，pp. 200-201.

10）　宮原哲『入門コミュニケーション論』松柏社，1992年，pp.60-64.

11）　バイスティック『ケースワークの原則』の翻訳は，旧訳と新訳がある．本書では，各原則名を広く使用されている旧訳から引用し，括弧内に下記の新装改訂版による名称を付した．

バイステック，F. P.，尾崎新・福田俊子・原田和幸訳『ケースワークの原則——援助
関係を形成する技法——〔新訳改訂版〕』誠信書房，2006年.

12)　徳田英次「心理治療のプロセス」，杉原一昭監修『はじめて学ぶ人の臨床心理学』中
央法規出版，2003年，pp. 163-170.

13)　倉石哲也「カウンセリング」，『新版・社会福祉学習双書』編集委員会編『社会福祉
援助技術論』全国社会福祉協議会，2001年，pp. 198-199.

14)　福原眞知子・アイビイ，アレン E.・アイビイ，メアリ B.『マイクロカウンセリン
グの理論と実践』風間書房，2004年，p. 19.

15)　久保美紀「生活場面面接」，成清美治・加納光子編『現代社会福祉用語の基礎知識』
学文社，2001年，p. 130を参照のこと.

参考文献

アイビイ，アレン E.，福原真知子他訳編『マイクロカウンセリング——"学ぶ—使う—
教える"技法の統合：その理論と実際——』川島書店，1985年.

諏訪茂樹『援助者のためのコミュニケーションと人間関係〔第2版〕』建帛社，1997年.

武田建『カウンセラー入門』誠信書房，1983年.

土居健郎『新訂　方法としての面接』医学書院，1992年.

福原眞知子監修『マイクロカウンセリング——事例場面から学ぶ——』風間書房，2007年.

コラム
4

インタビューとしての面接

　カウンセリングやケースワークにおいて，援助の基本的な枠組みとなるのは面接です．面接とは，援助者と利用者が出会い，コミュニケーションを図っていく場なのです．

　面接は，英語ではインタビュー（Interview）と表されます．インタビューといえば，記者やTVのリポーターを思い浮かべる人もいるのではないでしょうか．そしてインタビューを行う人については，積極的に質問をする聞き手がイメージされるかもしれません．

　しかし，じつはインタビューには，お互いに（Inter）に見合う（View）という意味があり，双方向の交流をとおして影響を及ぼし合う機会でもあるのです．つまり，援助者が利用者のことを知ろうとするとともに，利用者も，援助者のかかわりの姿勢やあり方を吟味する機会でもあるのです．

　したがって，援助者はただ冷静さを装っているだけでは立ちいかず，利用者から基本的な態度や人間性が問われます．ケースによっては，精神分析で言う転移感情を向けられ，あるいは投影の対象となる場合もあり，援助者自身の心が揺らされ，試されるという経験をすることもあります．

　対人援助者は，利用者の語ることを十分に傾聴しつつ，クライエントをありのままに受けとめ，そのことによって自分の心に生じる気持ちの変化にも意識を向けておく必要があります．

　石福恒雄は，苦悩する人に耳を傾ける者も，「この苦悩する人に自己を開く．なぜならば聴く者も心を閉ざしている限り，他者をありのままに受け容れることはできないからである」と述べています．

　このように，聴き手自身も心を開かなければ，利用者との出会いはすれ違いになってしまう恐れがあります．それだけに，援助者には感情レベルでの情動の伴った理解が求められるのです．それによって，人格的な交わりを深めることができるようになるといえるのです．

（文献）トリューブ，H.，宮本忠雄・石福恒雄訳『出会いによる精神療法』金剛出版，1965年．

第5章 チーム力を高めるコミュニケーション技術

　近年,「アサーション」や「コーチング」といった対人援助に関連するコミュニケーション技法が注目を集めており,医療や福祉の現場でも習得のための研修等が盛んに行われています.また,こういったコミュニケーション技法に関する書籍はいくつも出版されていますし,対人援助の専門雑誌などでも特集が組まれたりしているものをよく見かけるようになりました.さらに,インターネットで検索すれば数多くの関連するサイトを見つけることも簡単にできます.

　しかしながら,上記のように,いまやコミュニケーション技法に関する情報は入手しやすくなってきており,身近に知る機会は増えているにもかかわらず,必ずしも適切に理解されているとはいえないようです.その最も大きな理由は,やはり「知ること」と「できること」のギャップにあると筆者は考えています.

　研修や媒体を通して,比較的容易に情報や知識として入手することができるようになった反面,マニュアルとして活用できるかのような誤解が生じている可能性もあるように思います.対人コミュニケーションに関する技法は,マニュアルに則って使える道具のように捉えても,決して簡単に活用できるものではありません.研修は受けたけれど,実際に現場で試してみたがうまくいかない,といった意見をよく聞きます.それは,実践経験の不足だけではなく,「聴く力」を中心としたコミュニケーションの基盤と連動したものになっていないからだと思います.

　本章では,とくに対人援助の実践現場への導入を想定し,「アサーション」と「コーチング」を取りあげ,主にチームによる支援実践において活かすあり方について述べます.これらはそれぞれに独自の背景,そして独立した理論と技法を持つコミュニケーションの専門分野です.とは言え,これまで本書で述

べてきたカウンセリング理論とは通底するところが多く，援助技術としてもカウンセリングと共通する方法も少なくありません．

　さらに2つのコミュニケーション技法は，実践においてはそれぞれが相互かつ密接にかかわって活用されています．たとえば，自己表現を有効に機能させるためにコーチングスキルの導入が提唱される場合が多くなっていますし，チーム医療をはじめ，組織における円滑でストレスフリーなコミュニケーションの実現を図るべく，実践の現場ではアサーティブ・トレーニングを取り入れる試みが増えてきているようです．

《1》アサーションでチーム力を高める

(1) アサーションは，すがすがしく自己主張する技術

　近年，良好なコミュニケーションの実現に向けて，医療やビジネス，そして教育の領域にも導入されてきているのがアサーションの考えに基づくスキルです．アサーティブ・トレーニングとも呼ばれますが，このコミュニケーション技法は，自分を大切にしながら同時に相手のことも配慮する「自己主張の技術」のことをいいます．その目的は，協調的で発展的な関係を築き，相手から気持ちよく "YES" をもらうことにあります[1]．

　もともと，アサーション（Assertion）とは，「表明」「自己主張」「断言」などを意味します．ただ，そのまま訳すと堅苦しく，そして一方的で「険しい」イメージがなきにしもあらず．そこで，英語の表記のまま使われているようです．本来のアサーションという言葉には「自分も相手も大切にした自己表現」という意味が含まれており，より実態に沿った言い方をすれば，「さわやかな自己表現」となります．「さわやかな自己表現」のことを，「アサーティブな自己表現」ともいいます．

　アサーティブな自己表現を行うことにより，自分の気持ちや考えを正直で素直に，またその場に適した方法で表現できます．実際，アサーションの技法を用いることにより，「したいことを，したいと言う」「してほしいことを，してほしいと頼む」「できないことは，できない（NO）と言う」「やめてほしいこと

は，やめてほしいと言う」といったことができるようになります．そのことに
よって，自分の思いをきちんと相手に伝えることができるとともに，相手から
も気持ちよく承諾を得られる可能性が高まります．

　この考え方と手法は，アメリカで1960年代頃から始まった公民権運動のなか
で台頭した人権尊重の思想を基盤としています．1970年代に入り，人種差別や
女性差別を受けてきた人たちの人権回復，そして被差別者の自己信頼の獲得を
目的に，当事者の自己表現の方法として発展していったのが，アサーション・
トレーニングと呼ばれる訓練法です．

　なかでも大きな転機となったのが，1970年に行動療法の流れをくむアルベル
ティ（Albelti, R. E.）とエモンズ（Emmons, M. L.）による『あなたの完全な権利
（*Your Perfect Right*）』（原題）という本の出版でした．この本は，人権の視点から
アサーションの概念を解き，アサーションを単なる方法論ではなく，人の尊厳
やそれに基づく対人関係の基本的な考え方を含んでいることを強調しました．
アメリカではベストセラーとなり，アサーティブネスのバイブルといわれるほ
ど広く読まれました．

　アサーションの思想には，自分の意見や価値観を伝えること，嫌なことには
はっきりと「NO」と言うことなどについて，それらは「あなたの権利である」
という考え方が根底にあります．それは相手にとっても同じことです．したがっ
て，相手を攻撃したり，相手の権利を侵害するためのものではありません．だ
からこそ，アサーティブな自己表現とは対等な立場から，「自分も相手も大切
にした自己表現」であるということになるのです．

　さらに言えば，アサーションをしない権利というのもあります．いつもアサー
ティブな自己表現をしていなければならないということではなく，危険がとも
なう場合や，相手によっては時間やエネルギーを使う価値が乏しいと判断され
るときは，アサーションしない権利を使うことも大切です．

(2)　3つのタイプの自己表現

　アサーションの理論では，日常生活における自己表現には3種類のパターン
があるとされます．1つは過剰な自己表現，2つ目は不十分な自己表現，そし

て3つ目がアサーションを体現したさわやかな自己表現です．それぞれ，「攻撃的（アグレッシブ）な自己表現」，「非主張的（ノン・アサーティブ）な自己表現」，「アサーティブな自己表現」と呼ばれています．以下に各タイプの特徴を述べます．

攻撃的（アグレッシブ）な自己表現

自分は大切にするが，相手を大切にしない自己表現で，いわゆるウィン-ルーズ（Win-Lose）の関係となります．自分の意見や気持ちははっきりと言い，自分の権利を主張する反面，相手の意見や気持ちはないがしろにします．したがって自分本位で，相手に勝とうという思いが強く，常に相手より優位に立とうとする態度をとります．

たとえば，あなたがバスを待つ列に並んでいたとします．その列に突然誰かが割り込んできたらどうしますか．その際，いきなり「後ろに並びなさいよ！」と怒鳴ったり，無理に押し返したりするような言動を攻撃的な自己表現といいます．ただし，攻撃的だからと言って，怒鳴ったり，あからさまに相手を責めたりするだけとは限りません．暴力的ではなくても，自分勝手な行動をとったり，巧妙に相手を操作して自分の欲求をとおしたりすることも含まれます．

これらのような行動をすれば，自分の言い分を通してその場はすっきりとした気分になるかもしれませんが，後味はよくないものが残ります．

非主張的（ノン・アサーティブ）な自己表現

攻撃的な自己表現とは反対に，相手は大切にするが，自分を大切にしない自己表現で，ルーズ-ウィン（Lose-Win）の関係となります．自分の意見や気持ちを表現しない，あるいは表現できないために，自分を抑え，結果的に自分で自分を攻撃することになります．だからと言って，決して相手に配慮しているというわけではなく，自他ともに対して，不正直な態度と行動をとっていることになります．

バスを待つ列の話にたとえて言えば，割り込まれて腹が立つのに，相手には何も言えず，そのまま我慢してしまっているような状況のことです．この傾向が強い人は，ストレスをためやすく，相手からは理解されていないとの思いを抱いてしまいがちになります．また，相手からの誘いに対して「断りたいのに

断れない」とか，反対に「頼みごとをしたいのにできない」といった不都合を
常に感じています．

アサーティブな自己表現

　自分も相手も大切にした自己表現で，これこそウィン-ウィン（Win-Win）の
関係となります．あるいは "You are OK, I am OK." の関係ともいえます．
アサーティブな自己表現によって，自分の気持ちを率直に伝えることができ，
自らの信念や考えを正直に，しかもその場に合った適切な方法で表現すること
が可能となります．「さわやかな自己表現」と呼ばれる所以です．

　バスを待つ列に割り込まれた場合も，自分の気持ちや考えを率直に相手に伝
えます．たとえば「みなさん並んで待っていますので，後ろに並んでいただけ
ますか」といった表現になります．したがって，相手を尊重しながら，その場
にふさわしい柔軟な態度で自分の思いを素直に表現できる，落ちついた言葉か
けとなります．

　ただし，アサーティブな自己表現をすれば，自分の欲求が必ず通るというも
のではありません．アサーションの考えでは，人はそれぞれ考え方や感じ方が
違っていて当然ということが前提にあります．お互いの考えや気持ちの相違に
よって葛藤が生じることを恐れず，むしろ安易に妥協したりせずにお互いの意
見を出し合って，両者が納得のいく結論を導き出そうとするプロセスを大事に
するのです．

　ですから，相手の対応にかかわらず，自分の気持ちや考えを素直に相手に伝
え，相手の言い分も聴こうとする態度自体が，さわやかな気分とストレスをた
めない後味の良さをもたらすといえます．また，自分とは異なる意見をもって
いる人と率直に意見交換することは，お互いの状況や考えをより深く理解する
ことにつながります．

（3）対人援助職に必要なアサーション

　対人援助職はアサーティブになりにくいと言われます．それはやはり，支援
において主役はあくまでも利用者であり，自分の役割は側面からサポートする
ことだという認識があるからでしょうか．先述した，対人援助職と感情労働の

表5-1　3つのタイプの自己表現の特徴一覧表

非主張的	攻撃的	アサーティブ
引っ込み事案	強がり	正直
卑屈	尊大	率直
消極的	無頓着	積極的
自己否定的	他者否定的	自他尊重
依存的	操作的	自発的
他人本位	自分本位	自他調和
相手まかせ	相手に指示	自他協力
承認を期待	優越を誇る	自己選択で決める
服従的	支配的	歩み寄り
黙る	一方的に主張する	柔軟に対応する
弁解がましい	責任転嫁	自分の責任で行動
「私は OK でない， 　あなたは OK」	「私は OK， 　あなたは OK でない」	「私も OK， 　あなたも OK」

(出典) 平木典子『改訂版　アサーション・トレーニング──さわやかな〈自己表現〉のために──』金子書房，2009年，p. 30.

関係も大いに影響しているといえそうです．

　対人援助を行うにあたって，患者やクライエントなど，利用者の存在を中心に展開していくことは本来のあるべき姿だと思います．しかしそのことが過度に抑圧的に働き，援助者の言動を非主張的（ノン・アサーティブ）なものにしてしまったら，結果的に援助の効果を削いでしまうのではないでしょうか．

　利用者に対する自分の気持ちを無理に抑えこんでいると，周囲の同僚や家族につらく当たってしまうようになることがあります．また自分の気持ちを表現できずにいると，そのストレスは心身にさまざまなダメージをもたらし，メンタルヘルスを損ねる，バーンアウト（燃え尽き）状態になるといった，深刻な結果を引き起こしかねません．そのことを意識し，自らの心の健康にもふだんから注意を払うことが大切です．もちろん，アサーティブな自己表現は利用者との関係だけではなく，共に支援にかかわる専門職間においても重要となります．

　たとえば看護職の場合について，森田汐生は，組織のなかで問題提起をした

り，同僚や部下の仕事のやりかたを注意したり，自分の仕事の範囲を越えた仕事に対してきちんと断ったりという，仕事にかかわる人間関係のコミュニケーションには苦手意識を感じていると指摘しています[3].

CASE ⑥（その1）　　　**先輩からの無理な依頼**

　　― ナースコールが鳴る.
先輩：「Eさんお願い」
Eさん：「え.....（本当は先輩の担当の患者さんなんだけど）」
　　― 再び，ナースコールが鳴る.
先輩：「Eさんほら，お願い，行ってきて」
Eさん：「はっはいっ‼」

（出典）森田汐生「言いたいことをきちんと伝えよう［話しかた・伝えかた］」『smart nurse』2008年春季増刊
　　（通巻75号），2008年，p.106.，「事例」を改編.

　これは，ナースのEさんが，先輩ナースが担当している患者さんのナースコールに対応することをいつも頼まれることに困っているという事例の一場面です．この患者さんは先輩の担当なのですが，先輩はそれほど忙しくなさそうなのに，いつも「Eさん，行ってきて」と頼んできます．このようなケースでは，あなたがEさんなら，先輩に対してどのような対応をしますか．考えてみてください（解決法の例はCASE⑥（その2）を参照）.

　看護職とアサーションの関係について，もう少し話を進めましょう．野末聖香は，ナースは全般的に，アサーティブに自己表現するのが苦手な職種のようだとして，その背景の諸側面について述べています[4]．そこでは，ナースには自己表現をするうえでいくつかの共通の足かせがあり，その背景として以下の6点を挙げています．①人の役に立ちたいという気持ちが強い，②患者の権利を重視する，③共感的なやさしいナースであらねばならない，という気持ちが強い，④ナースはチームで仕事をする，⑤医師―ナース関係は対等な関係である，という意識が薄い，⑥ナースは多忙である，としています．

　少し補足すると，④については，もともと日本には集団の和を大切にする文

化があるため，葛藤を回避する傾向が生じてしまうということです．また⑥の多忙な状況では，十分なコミュニケーションを交わすことが難しくなってしまい，アサーションを阻む1つの要因になっているとしています．これらの背景要因は，看護職に限らず，今や対人援助の専門職全般についても当てはまると考えられます．対人援助者に共通するマインドとしてあることだけではなく，チーム医療をはじめ，今日の対人援助の分野はますますチームによる支援とそこでの連携・協働が必要になってきているからです．

　下記の解決法の例では，Eさんは「自分は後輩だからやらなければならない」という思い込みを見直し（第3章の「論理療法の実際」部分を参照），先輩ナースに，本当に今はどうしてもできないということをアサーティブに伝えています．「できない」と言うことは，能力がないということでは決してありません．自分のキャパシティーを超えていても仕事や責任を負ってしまうことは，結果として良い援助ができなくなってしまうリスクを招きます．良い援助を提供するためには，プロとしての境界線を引き，言うべきときにはアサーティブな自己表現を行うことが必要です．

CASE ⑥（その2）　先輩からの無理な依頼の「解決例」

先輩：「また患者さんからナースコールよ．ちょっと行って来てくれない？」
Eさん：「先輩，じつは私は今，引き継ぎのための資料作りで手がいっぱいなんです．先輩がお忙しいのはわかるんですが，私自身も今はどうしても行くことができません」
先輩：「あら，そうなの．そんなに忙しいの」
Eさん：「はい，そうなんです．それから，さっき私が病室へ伺ったとき『担当である先輩をよこしてほしい』と，おっしゃっていました．今はどうしても行くことができませんが，あと30分もすれば落ち着きますので，それからでしたら，できるだけ私も行くようにします」
先輩：「わかったわ．じゃあ，私が行くわ」
Eさん：「ありがとうございます．よろしくお願いします」

（出典）森田汐生「言いたいことをきちんと伝えよう［話しかた・伝えかた］」『smart nurse』2008年春季増刊（通巻75号），2008年，p.109.，「事例解法」を改編.

　もちろん，1人ひとりには個性があり，対人援助者をひと括りにして捉える訳にはいきません．ここでは，あくまでも職業の特性に見られる傾向として示しています．いずれにしても，大事なことは，自分がアサーティブになりにくい相手や状況の特徴を振り返り，自分の傾向に気づくことです．そして，なぜそのような傾向があるのか，アサーティブな自己表現ができないことに影響している要因は何なのかを考えてみることです（自己覚知の課題，第2章を参照）．それがよりアサーティブになるための第一歩といえます．

《2》利用者への支援，そして人材育成のためのコーチング

(1) 対人援助とコーチング

　コーチングとは，相手の主体性や自発性を引き出し，課題解決や目標達成に向けた変化への対応力を高めるためのコミュニケーション手法です．誰かを支援するという意味では，カウンセリングと同じ対人援助技術の1つといえます．コーチングが日本に紹介されたのは，1990年代の終わり頃でわりと最近のことです．当初は企業などビジネスの分野に多く導入されており，組織の活性化のためのツールとして捉えられることが多かったようです．

　21世紀に入ってから，コーチングはより広い領域でも注目されるようになり，いまや医療や福祉といった対人援助の分野にも取り入れられるようになってきています．コーチングの定義には論者により種々のバリエーションがありますが，そのほとんどが共通の内容を述べていると言っていいと思います．ここでは，代表的なものとして，下記の2つを紹介しておきます．

　まずは，伊藤守による定義で，「相手の目標実現に向けて，必要な能力や道具・手段を自ら備えられるよう，自発的な行動を促進するコミュニケーション」というものです．[5]　もう1つ，菅原裕子は，コーチングの創始者といえるガルウェイ（Gallwey, W. T.）によるコーチングの本質を引きつつ，「ある人間が最大限の成績を上げるために，その人の潜在能力を開放すること」と述べています．[6]

　筆者がこれまでに目を通した範囲に限って言うと，コーチングとは，指示や命令によって知識や答えを与えるティーチングとは異なり，「相手（利用者）の

やる気を引き出す」「相手（利用者）が自発的に行動することができる」といった内容の文言が，コーチング関連図書のほとんどに盛り込まれていました．

　もともと，コーチングは先に触れたガルウェイが，テニスのレッスンプロとして，1970年代にテニスプレーヤーの新しい養成法を考案したところからスタートしました．それは「インナーゲーム」と呼ばれるもので，それまでの指示・命令を主体としたものではなく，選手の潜在的な能力の発揮に期待して自由にプレイしてもらい，指導者はその前後に質問をしていきながら，相手が本来的にもっている自然な自己学習能力を引き出そうとする方法でした[7]．

　ガルウェイの新たな指導法により，選手はめきめきと実力を高めていきました．その後，このインナーゲームによる選手養成法はほかのスポーツにも広がっていきました．そして，ガルウェイとともにこの方法の普及に努めていたウィットモア（Whitmore, J.）が，後に相手の能力を引き出す質問の方法を整理し，コーチングという名称を使うようになります[8]．1990年代のことです．

　このように，スポーツ界で生まれたコーチングですが，徐々に他分野にも広がっていき，ビジネス界にも取り入れられるようになっていきます．その背景には，1980年代から続いていたアメリカ経済の不況とそれにともなう事業環境の変化がありました．それまでのように，上司の指示や命令で動くだけでは，顧客のニーズをつかむことが困難になってきたのです．そのため，経営改善の一環として，コーチングに大きな期待が寄せられるようになったわけです．

　当時，ビジネスパーソンには率先して顧客のニーズをつかみ，社員1人ひとりが自立した判断のもとに，主体的に行動してパフォーマンスを高めていくことが求められるようになってきていました．そこで，有効なマネジメント手法の1つとしてコーチングが注目され，実際に導入されていったのでした．

　日本でも，その後1990年代後半あたりからコーチングが主にビジネス界にて活用されるようになり，一種のブームのように研修等が開催されていきました．折しも，日本経済はバブルの崩壊を経て低迷しており，若い世代の多くが「指示待ち」と呼ばれて非難されていた頃であり，それだけに自主・自律を重んじるコーチングに対するニーズは高まっていた状況であったといえます．

　上記のような状況は，対人援助の分野においても社会・時代的な背景が同じ

であるため，同様に見られることでした．何よりも，対人援助職が「指示待ち」の状態では，質の高い支援の実現は望めません．利用者にとって真に有効な支援を提供するためには，指示・命令に従うだけではなく，やはり援助者が主体的に判断し，利用者との対話を通して，より望ましい援助を提供することに努めることが不可欠となるからです．

　ここまで述べてきたことを踏まえて，筆者は，特に医療や福祉といった対人援助の分野にコーチングを導入する意義について，下記の2点を強調しておきたいと思います．

　① 利用者の問題解決に向けた動機づけと自立度を高める．
　② 対人援助者の主体性・自発性を高めるとともに，やりがいを再認識できる．

　①については，対人援助の目指すべきゴールが利用者の自立であることを考えると，コーチング導入の効用が最も期待されることの1つといえるでしょう．今日，医療の分野をはじめ，インフォームド・コンセント（説明と同意）の考えが対人援助の領域には広く普及してきています．そこでは，利用者自身による自己選択や自己決定をしてもらうことになります．したがって，専門家には利用者による自己決定を尊重し，それが可能となるようサポートする援助が求められます．その点において，コーチングは利用者の問題解決に向けた動機づけと自立度を高める援助技術であるといえます．

　また②に関しては，医療や福祉といった，主にチームによる支援の現場に導入されることによって，より有効な影響を及ぼすことが可能になると考えられます．とくにリーダーや先輩の立場にある人が，部下あるいは後輩とのコミュニケーションにおいてコーチングの考え方と技法を活用することにより，まず職場の風土が「指示待ち」ではない，自主性・自発性に富んだものに変容していくことが期待できます．もちろん，人材育成という機能においても，コーチングによる個別のかかわりを通して部下のスキルアップを図ることができます．さらに，部下が主体的に自己決定した支援を行うことを通して，やりがいと充実感，そして責任感をもてる可能性が高まり，より有効な支援を実現する

ことにつながるといえるのではないでしょうか.

(2) コーチングにおけるコミュニケーション手法

　対人援助者と利用者の双方のやる気を引き出し, 効果的な支援をもたらすコーチングとは, 実際にはどのように行われるのでしょうか. ここでは, コーチングの実践で用いられるコミュニケーション手法を紹介します.

　とは言え, コーチングに用いられるコミュニケーション手法は特別な魔法のようなものではありません. そこで用いられるコミュニケーションの技術はいたってシンプルです. コーチングの代表的なスキルは, 基本的には「傾聴」「承認」「質問」の3つで構成されています. これまで対人コミュニケーションの基盤として言及してきた「傾聴」が, コーチングにおいても, いわば実践の土台として位置づけられていることはとても意義深いことです.

　コーチングでは, 上記の技術を用いた対話を通して, 相手にさまざまな気づきを促していきます. そのことによって認識や行動の変化が生じ, 課題解決や目標達成に向けたやる気を高めていきます. 最初に, 傾聴技法によって利用者との信頼関係を築くのは, カウンセリングをはじめとする他の対人援助技術と同様です. 安心感を抱ける関係の枠組みのなかで, 相手の話に共感しながらじっくりと耳を傾けることから援助は始まるといえます.

　ただし, 利用者となるクライエントについては, それぞれの対人援助技術によって対象となる者の性質が異なってきます. たとえば心理カウンセリングでは, 心理的な問題に起因する不適応の改善を目指すのに対して, コーチングでは原則として適応した人のさらなる自己成長・自己実現をサポートしていくことになります.

　続いてのステップが「承認」です. ただし, 上記の「傾聴」を行うにあたっては, 受容・共感といった相手を承認するかかわりがすでに含まれているので, 必ずしも図式化できるような順番通りに展開するわけではありません. このことを押さえておかないと, コーチングの技法をマニュアルに沿ったスキルと捉えてしまい, かえって相手との信頼関係を損ねてしまうことになりかねません.

　「承認」において大切なのは, 何よりも相手の可能性を信じて, 目標達成が

できるという前提に立ってかかわることです．相手の存在をしっかりと受けとめ，相手がすでにできていることには敬意を払います．そのような対応により，クライエント（利用者）はそれまで無自覚だったこと（長所や強みなど）や新たな可能性に気づくことができるようになっていきます．

　コミュニケーション手法としてのコーチングにおける最大の特徴が，次の「質問」にあるといえます．質問を投げかけることによって，クライエント本人に答えを考えてもらいます．それによって，クライエントが自分でも気づかなかった感情や欲求，あるいは強みに基づく考えが明らかになることがあります．そのためには，「あなたはどうしたいのですか？」といった，いわゆる「開かれた質問」（第4章参照）を使うことが有効となります．

　適切な質問をすることによって，クライエントが自ら取り組むべき課題や目標を設定でき，それに向かって取り組むべき行動とその具体的手順が明らかとなっていきます．このように，援助者が積極的に質問をしていくことと，はじめに目標を明確に設定することが，スタンダードなカウンセリングとの大きな違いです．ただし，コーチングの場合も，指示・命令はせず，あくまでも質問をしてクライエント自身の答えを引き出すことを目的としています．これは，方法論の違いはあるにせよ，来談者中心療法の創始者のカール・ロジャーズによる「答えはその人の中にある」という考え方にとても近いものがあります．

　そのうえで，コーチングでは返ってきた相手の答えを再び傾聴しつつ尊重し，自己決定を支持します．相手のやる気や考えを引き出すという意味では，「質問」に加えて「提案」を補足的に活用することがあります．それは，相手に新たな視点を提示して，課題の新たな捉え方を考えてもらったり，必要な行動を開始するための動機を持ってもらうために行います．それはもちろん，問題解決策をコーチする側が提示するのではなく，提案内容を採用するかどうかはクライエントに委ねられているということです．

(3) 代表的なコーチング実践のモデル

　それでは，代表的なコーチング実践のモデルに沿い，事例を挙げて具体的な支援のあり方について述べていきましょう．それは，ウィットモアの提唱した

GROW モデルによる答えを引き出すための質問に沿った会話の流れとなります．目標 (Goal) の設定，現状 (Reality) の明確化，方法・手段 (Option) の検討，意思決定 (Will) の喚起，という4つのステップの頭文字を取った GROW モデルは，コーチングの代表的な会話のモデルとされます．

　GROW とは，英語で「成長する」を意味する動詞ですが，GROW モデルによる質問の流れは，まさにクライエントの成長をサポートしていくステップに沿うものとなっています．

　最初のステップは目標 (Goal) の明確化です．ここでは，クライエントが望む状態を目標として設定することが重要になります．そうでなければ，クライエント自身が主体的に取り組んでいくことができないからです．つぎに，現状 (Reality) の明確化として現実を明らかにしていきます．現実が目標からどのくらい離れているのか，また，何が目標達成を阻んでいるのかといったことを振り返ります．つぎの方法・手段 (Option) の検討では，目標達成や問題解決において何が重要で，どのような行動計画が必要なのかを具体的に見きわめ，現実的かつ効果的な方法を選択してしぼりこみます．そして，具体的な行動の選択や計画策定ができたら，意思決定 (Will) の喚起を働きかけ，取り組みの開始 (継続も含む) に向けて，クライエントの意欲を高めていくのです．

　しかしながら，実際のやりとりでは必ずしも GROW の順番どおりに進むとは限りません．現状の明確化と方法・手段の検討が混同してしまったり，話が脱線して予期せぬ方向に向かうことだってあります．そういった場合には，できるだけ会話の流れを妨げないようにすることが大事です．無理に GROW モデルの順序に合わせようと軌道修正するのではなく，GROW モデルの全体を通して明らかにするべき点を念頭に置きながら，柔軟に対応していくことを心掛けるべきなのです．GROW モデルによるコーチングの流れ，そして具体的な会話例を，図5-1に紹介します．

　GROW モデルに限らず，コーチングを実践するには，その前提としてクライエントとの信頼関係を構築することが不可欠となります．また，コーチングを行うにあたっての環境を整えることも重要です．プライバシーが守られ，落ちついて会話ができる時間の確保，そして静穏な空間が用意されているかどう

「GROW モデル」による会話

・GROW とは，下記のように，答えを引き出すための 4 つの質問の流れの頭文字です．また
　GROW とは，英語で「成長する」という意味でもありますね．

1．Goal（目標の設定）:「あなたの目標（課題，夢）は何ですか？」

2．Reality（現実の振り返り）:「今までどのように努力してきましたか？→何が障害（阻害要
　因）になっていますか？」

3．Option（選択肢の考察）:「どうすればいいと思いますか？→他にはどのような方法があり
　ますか？」

4．Will（意思決定）:「結局どうしますか？→何から始めますか？→いつからはじめますか？」

「体質改善に向けて，やる気が出てきました．」

　こう話すのは，経理課の A さん（40代・男性）です．A さんは今年の社内健康診断で，いわ
ゆる「メタボリックシンドローム」と判定され，体質改善のための保健指導を受けることになり
ました．
　管理栄養士による指導の面接場面にて，下記のような遣り取りがあったとのことです．

1．栄養士「今から半年後，A さん自身はどうなっていたいと思いますか？」

　A さん「周りの目も気になるし，とにかく『メタボ』から脱却し，心身ともにすっきりしてい
　　　　たいです．」

2．栄養士「まずは食生活について，これまでどのようになさってこられたのですか？」

　A さん「好きなものを食べたいだけ食べていました．夜食や間食も自由にしていました．」

3．栄養士「ウエストが90cm を超えていますね．どうすればよいと思いますか？」

　A さん「夜食と間食を控えて，できるだけ野菜を多く摂るようにすれば，少しずつ効果が出る
　　　　ように思いますが．」

4．栄養士「わかりました．ではそのように進めていきましょう．いつから始めますか？」

　A さん「さっそく，今日から取り組んでいくことにします！」

図 5-1　コーチングの代表的な質問方法「GROW モデル」と実践例

かにも配慮を要します.

　市瀬博基は, コーチング実施に際して「関係構築がうまくいかない理由の例」[9] として, 下記の 5 点を挙げています.

　① コーチングを受けなくてはいけない理由がわからない

　② コーチングに不安を感じている

　③ コーチングでの上司との関わり合い方が分かっていない

　④ コーチングは一方的に押しつけられることだと誤解している

　⑤ 考えや行動を変えることに不安をいだいている

　いずれにしても, コーチング実施の当初において信頼関係構築がうまくいかない状況は決して異常なことではなく, むしろあたりまえに近いこととして認識することが重要です. 市瀬もこの点について, 相手の抵抗を引き起こしている原因をさまざまな角度から探ると同時に, どうすればこれを克服できるかについて一緒に考えていくことが大事だと述べています.[10]

　もう 1 つ, コーチングを行うに際して迷いが生じやすいプロセスとなるのが, たとえば GROW モデルでは G の段階にあたる「目標の設定」ではないかと思われます. そこで設定した目標が, 達成した状態や成果を明確に反映したものかどうかを評価するために使われる「SMART」の指標を紹介しておきます. 「SMART」とは下記の 5 つの指標からなり, それぞれの項目の頭文字をならべたものです.

　Specific：具体的

　Measurable：計測可能

　Achievable：達成可能

　Realistic：現実的（に達成可能か）

　Time-framed：時間枠（が設定されているか）

　これらの指標について, 質問を投げかけながらクライエントと一緒に確認していきます. その際も, 自然な会話の流れに沿った形で確認の問いかけを行っていくことが大切となります. したがって「SMART」の順番通りに進める必

要はありません．そして，目標を修正する必要があれば，通常のコーチングの流れと同様に修正するための質問をあらためて相手に投げかけていきます．

　以上，コーチングの概要について述べてきましたが，実際に支援を進めていく時の注意点として，成果を性急に求めず，スモールステップにて着実に段階を展開していくことが肝要となります．

注

1）　大串亜由美『言える，伝わる，仕事が進む！　アサーティブ——「自己主張」の技術——』PHP 研究所，2007年，pp. 12-13.

2）　アルベルティ，ロバート E.・エモンズ，マイケル L.，菅沼憲治・ジャレット純子訳『自己主張トレーニング　改訂新版』東京図書，2009年.

3）　森田汐生「言いたいことをきちんと伝えよう［話しかた・伝えかた］」『smart nurse』2008年春季増刊（通巻75号），2008年，p. 94.

4）　平木典子・沢崎達夫・野末聖香編『ナースのためのアサーション』金子書房，2012年，pp. 11-27.

5）　伊藤守『コーチング・マネジメント』ディスカバー・トゥエンティワン，2002年.

6）　菅原裕子『コーチングの技術——上司と部下の人間学——』講談社，2002年，pp. 28-29.

7）　ガルウェイ，W. T.，後藤新弥訳『新インナーゲーム——心で勝つ！集中の科学——』日刊スポーツ出版社，2000年.

8）　ジョン・ウィットモア，J.，清川美幸訳『はじめのコーチング——本物の「やる気」を引き出すコミュニケーションスキル——』ソフトバンクパブリッシング，2003年.

9）　市瀬博基『ビジュアル　はじめてのコーチング』日本経済新聞出版社，2012年，p. 67.

10）　同上書，p. 66.

参考文献

出江紳一・坪田康佑編『看護管理者のためのコーチング実践ガイド——臨床を動かすリーダーシップ——』医歯薬出版，2013年.

伊藤守・鈴木善幸・金井壽宏『神戸大学ビジネススクールで教える　コーチング・リーダーシップ』ダイヤモンド社，2010年.

菅沼憲治『改訂新版 セルフ・アサーション・トレーニング』東京図書，2009年.

ハーシー，P.・ブランチャード，K. H.・ジョンソン，D. E.，山本成二・山本あづさ訳『入門から応用へ　行動科学の展開——人的資源の活用 新版——』生産性出版，2000年.

平木典子『自己カウンセリングとアサーションのすすめ』金子書房，2000年.

コラム
5

代表的な心理検査法

　心理カウンセラーの専門性の1つに，心理検査の実施と査定を行う技能があります．本書の読者の多くは，医療や福祉，あるいは教育といった分野に属している，あるいは志望している人かと思います．それでも，心理検査を自ら行っている人は少ないのではないでしょうか．

　そこでここでは，ごく簡単に代表的な心理検査法について触れておくことにします．詳しい知識については，心理検査の専門書（文献参照）をひも解いていただければと思います．

　心理検査法とは，個人の特徴を客観的に理解するために開発されたテストで，下記のような知能検査，性格検査，作業検査などがあります．通常は，複数の検査を併用して用いること（テストバッテリー）により判断します．

【知能検査】

　　人間の一般的な知的能力を，計算力，言語能力，記憶力などを基に想定して客観的に測定する心理検査法．A・ビネーによって開発され，知能指数（IQ）で示される．代表的なものとして，ビネー法とウェクスラー法が知られている．

　　知能指数とは，精神年齢（各年齢別の標準知能）を一定の指数で示したものである．したがって，IQ＝精神年齢／暦年齢×100　という数式が成り立つ．

【性格検査】

　　人間の基本的な行動傾向を知り，正しく理解するための心理検査法．性格検査は，その形式から，質問紙法，投影法，作業検査法に分けられる．

・質問紙法：診断しようとする性格特性や構成要因に基づく具体的行動例によって，質問項目群を設定し，それらに対する回答を求める方法．YG検査，MMPIなどがある．たとえばYG検査は，正式名は作成者の名前をとり，矢田部ギルフォード性格検査という．わが国の代表的な質問紙形式の性格検査であり，個人の性格の全体構造を把握する．

・投影法：性格に関して直接質問したり，判断を求めるのではなく，あいまいな刺激に対する被験者の反応から心の状態を知る検査法．代表的なものに，ロールシャッハテスト，PFスタディ，TAT，SCTなどがある．

　　これらのうち，ロールシャッハテストは，インクのしみの図版が何に見えるかといった被験者の反応から，個人のパーソナリティの特徴を把握する代表的な投影法の検査として用いられている．また，PFスタディは，日常的

に経験するような欲求不満場面を描いた24枚の絵に対する被験者の反応様式から，その背景に潜む自我防衛水準での人格特性を明らかにする．

　TAT（絵画統覚検査）とは，人物が描かれている絵から自由に物語を作ってもらい，登場人物の欲求，感情，思考などを通して被験者の人格特性を明らかにする投影法性格検査である．そして，SCT（文章完成テスト）は，「子どもの頃，私は」といったように，短い刺激文を見て，連想されることを続けて記述し文章を完成させる投影法性格検査で，そこに投影された被験者の欲求，感情，対人関係の特性などを明らかにしようとするもの．

【作業検査】

　比較的単純な計算や図形描写，積木組立といった作業を行わせ，その経過や結果，作業に対する態度などから，性格や職業適性などを判定する検査法．代表的な作業検査法として，内田クレペリン検査がある．これは，ひとケタの数の連続加算作業の経過や結果から，緊張興奮，慣れ，疲労，練習効果などの判定により性格的な特徴を判定する．

　これらの心理検査は，患者やクライエントの心理的な見立てを行ううえで，とても有効なものです．しかしながら，他のあらゆる道具や手段と同じで，いずれの心理検査も万能ではありません．各心理検査とも，個人の一側面を示しているに過ぎず，対象者の年齢や能力によって実施できないものもあります．

　今日の医療は，患者の生活そのものや人間の全体性を医療の対象にしようとする「全人的医療」という概念が主流となっています．そのような状況下，心理検査はあくまでも被験者の心を理解する1つの手掛かりとして位置づけ，検査結果は慎重に取り扱われることを確認しておく必要があります．

（文献）松原達哉編『心理テスト法入門──基礎知識と技法習得のために（第4版）──』日本文化科学社，2002年．

第6章

対人援助職のメンタルケア

　本書ではこれまで，主に利用者への支援において，いかにカウンセリングを活かしていくかということについて述べてきました．本章では，視点を換えて，より有効な対人援助実現のための，援助者自身の心の健康問題について検討したいと思います．第2章で述べた「感情労働」のように，対人援助職は，他の仕事に比べて精神的に疲れる要素と常に隣り合わせにいる職業だからです．

　また本章では，対人援助職が過剰なストレスにさらされても「燃え尽きる」ことなく，前向きに業務に取り組みながら，健康的な暮らしを続けていくために心掛けておきたいことについて検討します．ストレス耐性の在り様と認知的評価，そして過剰なストレス状態を克服するための対処行動（コーピング）について述べます．また，利用者への支援をより効果的に，そして対人援助職がいきいきと働くことができるよう，援助者のワーク・ライフ・バランスという視点も含めて考えていきます．

《1》燃え尽き症候群に陥らないために

(1) ストレスとは

　現代社会はストレスに満ちあふれているといわれます．人間が生活している以上，ストレスはつきものです．たとえば，対人関係などから起こるストレスはいつの時代でも多かれ少なかれあったでしょう．しかし，現代に特有のストレスが増えていることも事実です．とりわけ，20世紀の後半以降，人間が被るストレスは以前に増して多く，また強くなってきています．

　では何が，このようなストレスをもたらすのでしょうか．それはまず，現代

社会が人間の適応能力をはるかに超える速さで変化していることが，要因の1つとしてあげられます．社会は変わっても，人間の方は簡単に変われるものではないからです．また急激な社会の変化に伴って，工業化，都市化，競争の激化，IT化をはじめとする機械技術の発達，情報の氾濫，コミュニティの解体，家族形態の変化など，ストレスの原因はさらに複雑多様化し，互いに絡み合っているといえるでしょう．

　このように，ストレスに取り巻かれた現代社会で，私たちはどのように対処すればストレスに負けずにすむのでしょうか．ストレスへの対処法について述べる前に，そもそもストレスとはどのようなものなのか，ここで確認しておきたいと思います．ストレスについての正しい知識を持つことが，ストレスに対処することに大いに役立つと思われるからです．「近ごろストレスが多くて体調が悪い」「仕事にストレスを感じる」など，私たちは日常会話でストレスという言葉をよく口にしています．いまや，日常語として使われているストレスには，本来どのような意味があるのでしょうか．

　もともと，ストレスという言葉は，カナダの生理学者セリエ（Selye, H. ; 1907–1982）によって，1930年代に「あらゆる要求に対し，生体が起こす非特異的反応」と定義づけられました．つまり，有害物質が体内に侵入したり，寒冷や騒音にさらされたり，不安・抑うつ・怒りといった情動面で有害な刺激を受けると，その種類にかかわらず，決まったプロセスと生体反応を示すことを発見したのです．この生体反応をストレスと呼び，この時にストレスを生じさせる刺激をストレッサーと呼びました．

　セリエは，ストレス状態は時間とともに変化し，それは3段階に分類できるとしました．第1段階は警告反応期と呼ばれ，ストレスに直面することにより，体がショックを受けます．しかし，しばらくすると体はショックから立ち直り，ストレスに対する抵抗力が増加することにより状態が安定します．これが第2段階の抵抗期です．この期間は，しばらくはバランスの取れた状態が続きますが，これはじつは，正常な状態に戻ったようにみえるだけのことなのです．そして第3段階は，持続するストレスに対し，再び体の抵抗力が低下していき，病気や死に至るというものです．これを疲憊期といいます（図6-1）．

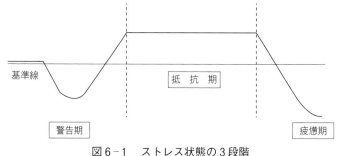

基準線

抵　抗　期

警告期

疲憊期

図6-1　ストレス状態の3段階

　セリエのストレス学説が，生物学的性格の強いものであったのに対し，その後の研究ではストレスを心理学的観点から捉えることが多くなっていきました．たとえば，就職や結婚，死別といったライフイベント[1]にどの程度遭遇したかによって，その人のストレス度を捉えていこうという方法が開発されました．そして現在では，日常生活の中でイライラするような些細な出来事の積み重ねが疾病に関係が深いという，「環境―人」の関係に注目した主張が広く受け入れられているようです．

　現代では，ストレス反応もストレッサーもともに「ストレス」と呼ばれることが多いようです．しかし，本来は先述のようにストレスとストレッサーは違うものなのです．また，一般にストレスとは心身に悪影響を及ぼすものとして理解されていますが，必ずしもストレスは私たちにとってマイナスに働くとは限りません．

　セリエは，「ストレスは人生のスパイスである」とも言っています．このように，ストレスとはすべて厄介なものかというと，必ずしもそうではありません．むしろ適度なストレスは，良い刺激となって人間にエネルギーを起こさせます．その人にとって適度のストレスは，いきいきと暮らしていくための刺激や活力となります．たとえば，職場の上司からの期待のこもった激励や指示は，仕事へのやる気を喚起させるものではないでしょうか．

　一方，心身に悪影響を及ぼすストレスとは，過剰なストレスのことを指します．過剰なストレスを受け続けていると，感情が激変したり，身体にいろいろな症状が現れたり，行動様式に変化が生じることになります．たとえば仕事に

おいては，多忙による心身の疲労や過労が慢性的なストレス状態をもたらし，「身体がだるい」「やる気がでない」「イライラする」といった疲労の状態が現れます．これらは，過剰なストレスに対する精神面，身体面，行動面におけるサインと捉えられます．したがって，こういったサインを見逃さず，早期に対応することが重要となります．

　もともとストレスの本体は，刺激に対する反応としての緊張であり，歪みです．それは同時に，非常事態に備える身体の防衛反応なのです．つまり，自身に起こっているストレス反応は，健康へのダメージを最小限に食い止めるための危険信号ともいえるのです．

　ストレス反応に気づかないまま，過剰なストレスを長期間にわたり被っていると，下記のような症状や兆候を引き起こす結果となります．また，ストレスは心身の働きの中でもとくにストレッサーの攻撃に弱いところに現れて，消化器系，循環器系，神経系など種々の部分に機能障害を引き起こします．

　ストレス反応に関連すると考えられる疾患は多種多様にありますが，ここでは，中央労働災害防止協会のストレス小委員会がまとめたストレス関連疾病(31種) を紹介しておきます.[2]

　胃潰瘍及び十二指腸潰瘍，潰瘍性大腸炎，過敏性大腸炎，神経性嘔吐，本態性高血圧，神経性狭心症，過呼吸症候群，気管支喘息，甲状腺機能亢進，神経性食欲不振症，偏頭痛，筋緊張性頭痛，書痙，痙性斜頚，関節リウマチ，腰痛症，頚肩腕障害，原発性緑内障，メニエール症候群，円形脱毛症，インポテンツ，更年期障害，心臓神経症，胃腸神経症，膀胱神経症，神経症，不眠症，自律神経失調症，神経症的抑うつ状態，反応性うつ病，その他に関する病気.

　上記に挙げた疾病だけではなく，ストレスに起因する病気の種類は，100を優に超えるとされています．さらに近年は，ストレスによる免疫機能の低下やホルモン分泌異常等による癌の発生なども指摘されています．

(2) 援助者のストレス

　先述のように，人を相手にした状況で，職務上適切な感情を演出することが求められる仕事のことを感情労働といいます (第2章参照)．そして，医療や福

祉といった対人援助の仕事は，助けを必要とする人たちを相手にした，細かな
配慮が必要な，感情労働の代表のような仕事といえます．

　とくに，対人援助職というのは，他の仕事に比べて，精神的に疲れる要因を
抱えています．それは，仕事の性質上，患者やクライエントといった，病気を
抱えている人や心が疲れている人を受けとめ，支えていくことが多く，援助者
自身もその影響を受け，精神的な負担が増えるためだと思われます．

　そのことを，心理学的には，二次受傷といいます．二次受傷は，共感性疲労，
代理受傷，外傷性逆転移などとも呼ばれています．これらの現象は，犯罪，事
故，災害といった「外傷体験」を負った人の話に耳を傾けることで生じる，ク
ライエントと同様の外傷性ストレス反応を指します．症状としては，いわゆる
PTSDの症状や燃え尽き症候群，世界観の変容などが起こりうるとされていま
す．

　二次受傷は，事故や災害に限らず，利用者の成育歴や生活歴におけるトラウ
マ体験が元となって生じることもあります．たとえば，親子関係の葛藤や虐待
などの理由で精神的な傷を負った人をサポートする援助者も，利用者と同じよ
うな心の傷を受けることがあるのです．

　また，今日の医療・福祉サービスの拡大に伴い，利用者の幅が広がってきて
います．そのため，利用者の中には援助を拒否する人や，援助を受けることを
快く思わない人も増えてきています．それでも対人援助職は，病気や問題を抱
えた利用者とは援助的な対人関係を結ぶよう努めなければなりません．さらに，
近年は利用者の権利意識が向上し，さまざまな要求や苦情にも誠実に対応する
ことが求められるようになりました．

　一方，対人援助職の側も，社会の動向に伴う業務内容の変化や多様化に対応
を迫られる事態が現れ，それが新たなストレスの負荷をもたらしていることが
あります．たとえは高齢者介護のフィールドでは，超高齢化が進行するなか，
入居者（利用者）の最期を看取る特別養護老人ホーム（介護老人福祉施設）が増え
てきています．その背景には，2006年度に介護報酬に「看取り介護加算」が創
設されたことがあります．それと，「自然に逝きたい」「自然に逝かせてあげた
い」という利用者や家族らの思いがあります．

　特養で看取りを進めるうえで問題となるのが，医療体制の確保です．常勤の医師がいる特養は少なく，夜間は，看護師も不在になる施設が多いのが現状です．医者や看護師がいない中で利用者を看取るのは，介護職員にとって心理的負担が重いといいます．核家族化が進み，身近な人の死を経験したことのない若い職員も多く，「死が近づいている利用者がいるので，夜勤が怖い」「何もできないで最期まで見ているのがつらい」といった思いを抱く職員も少なくないようです．

　いずれにしても，対人援助職は高度な専門性が期待されていて，日々研鑽を重ねていく必要があります．その一方で，利用者の生命や人生に大きく関与するためにミスが許されない職業でもあります．それだけに，集中力や緊張感が途切れることがほとんどなく，ストレスが高い仕事であることは間違いありません．それに加えて，チーム医療の導入や介護福祉におけるケアマネジメントなど，チームで対応する援助が増えてきているなか，職場の人間関係への配慮や調整もさらなるストレス要因となっていることもあります．

　さらに，最近は医療過誤をはじめ，種々の事故や失態に対して，利用者やマスコミの反応だけではなく，援助者の勤務する職場自体もかなり過敏になっているのが現状のようです．そのため，職員への過剰ともとれる抑制やプレッシャーが見受けられ，対人援助職のストレスにつながっています．

　もう1つ，たとえば看護師のように，まだまだ圧倒的に女性の占める割合が高い対人援助職では，「職業」と「母」という立場の間で疲弊している人も決して少なくありません．仕事に熱心になりすぎると，子どもやパートナーからの不満が顕著になります．一方，家族のことを優先すれば，職業人としての社会的責任が十分に果たせていない気がして，不全感を抱くようになってきます．

　なかには，「職業」と「母」のバランスを失ってメンタルヘルス不調に陥ったり，家庭が崩れてしまうこともあります．対人援助職には，専門的知識と援助技法，そして自身の心の安定が求められます．それだけに，男女を問わず対人援助者が，仕事と家庭の両立をはかれるよう，労働環境および雇用の仕組みの見直しや，ケアする人のケアを専門に行う援助者の必要性を強く感じます．

（3）燃え尽きを避けるために

　過剰なストレスが続くと，心身ともに疲弊し，さまざまな健康面への影響や，いわゆる「バーンアウト（燃え尽き症候群）」（Burnout Syndrome）になってしまうこともあります．これは，過度で長期にわたるストレスにさらされると，不安や緊張感に耐えることができなくなり，仕事への意欲を失い，無気力状態に陥ってしまうことです．

　バーンアウト（燃え尽き症候群）とは，アメリカの精神分析学者フロイデンバーガー（Freudenberger, H. J.）が1980年頃に，「自分が最善と確信する方法で打ち込んできた仕事・生き方・対人関係などが，全くの期待外れに終わることによりもたらされる心身疲労あるいは欲求不満の状態」と定義しました[5]．そして，慢性的なストレスが絶え間なく続くと，意欲をなくし，社会生活を営むという点で機能しなくなってしまう恐ろしい症候群なのです．主な症状としては，無気力や心身疲労のほかにも，抑うつ，不眠，落ち着きのない気分，体力の低下などがあります．

　もともとバーンアウトとは，自動車のタイヤが磨り減った結果，パンクではなく突然破裂してしまう状態のことをいいます．このように，燃え尽き症候群は突然症状が現れ，対人援助者の心身の状態が悪化する恐ろしい現象なのです．それだけに，発症までに対人援助者が溜めていたストレスの多さがうかがえるというものです．

　バーンアウトは，対人援助職に多く発生していることから，その素因として，対人援助職に特有の職業的特徴とそれに規定される心理的特徴とが多大な影響を及ぼしていると考えられます．すなわち，高度な対人的共感性を必要とされ，極度の心理的緊張と疲労感を伴う職業（まさに「感情労働」！）であることが対人援助職には共通しているということです．そのうえで，仕事熱心で高い理想を持ち，利用者への支援には一生懸命にエネルギーを注いで取り組むタイプの人は要注意といえそうです．

　このようなタイプの対人援助職（看護師，ソーシャルワーカー，心理士，弁護士，教師など）が，援助を受ける人との間に適度な心理的距離を保ちながら接することができなくなると，利用者の感情に巻き込まれて自分を見失ってしまうこ

とになりかねません. その結果, 心身ともに疲労が重なり, 利用者との役割関係をきちんと保つことも難しくなってしまうことになります. いまや, 対人援助者のメンタルヘルスを見守るとともに, 援助者も援助されるべき時代状況にあるといえます.

　バーンアウトになると, 「非（脱）人格化」という症状が現れてくることがあります. それは, 患者さんや利用者に対して, それまでの熱心な対応とは打って変わり, 思いやりや配慮を欠くようなかかわりしかできなくなってしまうことです. それはまるで, 人を物体のように扱い, 一定の距離をおきながら特定の手順に沿ってのみかかわろうとするものです. また, 自身の仕事の能力や資質にも疑念が生まれて, 対人援助職としての仕事を行う自信がなくなってしまう場合もあります.

　「非（脱）人格化」とは, ある意味では, 対人援助職がいま以上に消耗することを回避し, 自分の許容範囲を超えたストレスから無意識に自らを守ろうとする心のメカニズムでもあります. このことを, 心理学では自己防衛的反応といいます.

　シュビン (Shubin, S.) は, 「非（脱）人格化」と関連する, 燃え尽き症候群に陥った看護師の行動の特徴を下記の6つにまとめています[6].

①クライエント（患者さん等）と一緒にいる時間をなるべく少なくしようとする.

②症状や問題ばかりに注目してクライエント自身に目を向けなくなる.

③教科書的な原則にこだわり融通や応用が利かなくなる.

④クライエント自身や, その家族, その症状に関して冗談を言ったりちゃかしたりする.

⑤クライエントを番号や診断名や専門用語で呼んだりする.

⑥クライエントに対して過度に距離をおいて分析的に接する.

　これらの行動は, 看護師という職業に限らず, 今や他の対人援助職にも共通する特徴であると言われています. また, 上記とはまったく反対の行動特徴として現れることもあります. たとえば, 患者さんのケアや援助に異常に執着し,

勤務時間後も職場に残ることが多くなり，心が仕事から離れられなくなった状態などです．この場合，周囲からは仕事をがんばっているというふうに見られるので，「バーンアウト」とは受け取られにくいのですが，実際には燃え尽きの初期兆候である可能性が高いのです．

　これらのように，対人援助職にはストレスを溜める機会が多く，「バーンアウト」や「うつ」といったメンタルヘルス不調とはある意味で「隣り合わせ」の職業と言わざるを得ないということでしょうか．そうだとすれば，対人援助職にとって有効なストレスコントロールについての知識を身につけ，具体的な対処法を習得することは不可欠で急務の課題だといえるでしょう．

《2》ストレス対処法（コーピング）を身につける

　実際，私たちはどのようにしてストレスに対処すれば，健康的な暮らしを続けていくことができるのでしょうか．そのためにはまず，自分がどのくらいのストレスを抱えているのかに気づくことが必要です．そして，自身がどれだけストレスに強い（弱い）かというストレス耐性（Stress Tolerance）の度合いを知ることが重要となります．そのうえで，適切なストレスへの対処法を身につけていくことが大切となります．

　本節では，人がストレッサーを自分にとってのストレスと認知し，対処行動をとること，あるいはストレス反応が起こるメカニズムを踏まえて，たとえストレス事態にさらされても，適切に対処していける態勢や対処行動について述べます．

(1) ストレスに気づく，そして自分のストレス耐性を知る

　自分に起こっているストレス反応に気づくには，どのようなことに注意しておけばよいのでしょうか．まず，あなた自身が何に対してストレスを感じるのか，普段からよく知っておくことです．そのことが，ストレス状態の早期発見につながります．

　同じような出来事に直面しても，それをストレスと感じる人と，平気な人が

います．そこには，そのことを過剰なストレッサーと捉えるか否かの評価の違いがあるのです．自分がどのようなことをストレスと感じるのか，あらかじめ知っておくことはストレスを避けるための予防策となります．

　もう1つ，大事なことがあります．それは，その人がどれだけストレスに強いかというストレス耐性の度合いです．ストレス耐性とは，ストレッサーからその人を守る，いわば緩衝帯（バッファー）のような働きを担っており，それが強いほど，ストレッサーをはじき返すことができるからです．

　ストレスを避けるにしろ，立ち向かうにしろ，自分のストレス耐性をある程度知っておくことは，適切な対応をしていくうえで重要なポイントになるといえます．たとえば，実際よりも自分のストレス耐性は強いと思い込んでいる人が，無自覚に仕事をどんどん引き受けていると，急に過労に襲われて倒れたり，先述のバーンアウト（燃え尽き症候群）に陥ったりしかねません．

　一方，自らのストレス耐性を過小に捉えている人は，何事にも萎縮してしまいがちで，自分の可能性を不合理に限定してしまうかもしれません．場合によっては，ちょっとした体調の変化を過大に受けとめ，ますますストレスを高めてしまうこともありえます．

　最近では，職場での「ストレスチェック」[7]だけではなく，web等でも自分のストレスの程度やストレス耐性を簡単に知ることができるものもありますから，一度試してみてはいかがでしょう．[8]自らのストレスの状態を知ることは，第2章で述べた自己覚知の1つとしても意味があります．

　ただし，ストレス耐性は生まれつき変わらない性質のものではありません．その人の個人的あるいは環境的な資源によって後天的に強くしていけるものです．カウンセリングでは一般に，「過去と他人は変えられない」ということをよく言います．しかし，反対に自分自身を変えることは可能であるという考えに基づき，利用者の気づきを側面から支援することには力を注ぎます．したがって，自分のストレス耐性を知るとともに，耐性を強化していく努力も必要となるわけです．

　ちなみに，ストレス耐性のうち，生活面および身体面から耐性を強化するのに，最も重要なものの1つが睡眠とされています．適度な睡眠を取り，規則的

な生活リズムを維持することは，ストレスに負けないための基本的な条件といえます．

(2) ストレスへの対処 (コーピング) について

　ここでは，効果的にストレスへの対処を行うための基礎理論を紹介します．ストレス反応を低減する，あるいは現状よりも増大することを防ぐ行動のことをストレス・コーピングといいます．「対処」(Coping) と訳されることもあります．ストレス・コーピングとはまた，ストレス耐性を強化するための行動でもあるといえます．

　今日，心理学的なストレスの定義として最も広く支持されているのはラザラスとフォルクマン (Lazarus, R. S., and Folkman, S.) の定義です．彼らは心理的ストレスを「人間と環境との関係である．つまり，人的資源に負担を負わせたり個人の資源を越えたり，また個人の安寧を危険にさらしたりするものとして，個人が評価する人間と環境の関係から生じるものである．特定の人間と環境の関係がストレスフルなものかどうかの判断は認知的評価に依存している[9)]」としています．

　これは，環境からの要求そのものがストレス反応を引き起こすのではなく，それがその個人にとって意識的であれ，無意識的であれ，害や脅威などをもたらすものであると評価されると，不安，抑うつ，怒り，無気力といった情動的なストレス反応が喚起されるということです．したがって，ストレス反応とは，環境に代表される外的なものと，個人の特性に代表される内的なものとの相互作用から生じるといえます．

　ここでは，ストレスをもたらす内的な要因である個人の特性に焦点を当てて述べていきます．個人の特性である以上，そこに個人差が生じることは当然です．ストレッサーに対して，誰もが同じように感じているのではない．そのストレッサーをどのように評価し，どうとらえるかがストレス耐性の強さにつながるのです．

　ラザラスらの理論は，従来の「ストレッサーがストレス反応を引き起こす」という一方向的なモデルに対し，「環境と人間は双方向に影響を及ぼし合う」

図6-2　ストレス過程

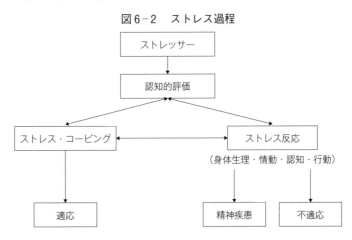

という考えに基づいています．その特徴は，環境からの要求に対する認知的評価および対処能力についての評価がストレス反応のあり方を規定した点にあります．つまり，図6-2における「認知的評価」の在り様が分かれ目になるといえます．そして，認知的評価に多大な影響を及ぼす要因としては，大きく分けて，性格・気質などのパーソナリティと過去経験の2つが考えられます．たとえば，前者における特徴的なパーソナリティ特性として，第2章で触れたタイプAと呼ばれる行動パターンが見られます．タイプAの人には，せかせかと何でも急いでやらないと気が済まず，いつも焦っているようで，人に負けたくないといった行動特性や性格傾向があります．また，何があっても絶対に生活スタイルを変えないようなところがあります．

　このような行動パターンは，狭心症や心筋梗塞などの冠動脈性疾患にかかりやすい人に特有のものとされています．このタイプAとは正反対の行動パターンを持つのんびり屋とされる「タイプB」の人に比べて，その危険性はじつに2〜3倍も高いといわれています．

　それでは，ラザルスとフォルクマンによるストレス・コーピングの考え方に基づき，過剰なストレス状態をコントロールするための対処行動(ストレス・コーピング) について述べてみたいと思います．

　ラザルスらは，ストレス・コーピングを大きく2つに分類して説明していま

す．1つは，ストレスの原因と考えられる問題自体と向き合い，状況を分析するための情報収集をしたり，解決策の考案や実行をするような対処のあり方です．これは，外部環境や自分自身の内部の問題を解決するためになされる「問題焦点型」(Problem-Focused Forms) のコーピングといいます．

　もう1つは，ストレスを受けることによって生じる情動的な苦痛を弱め，できれば解消してしまえるようにするための「情動焦点型」(Emotion-Focused Forms) のコーピングです．情動焦点型コーピングはさらに，① 物事を楽観的に捉えたり，見方を変えるなど，認知的な枠組みを変更するコーピング，② 問題解決のために支援してくれる人を求めたり，気晴らしをしたり，あるいはとくに何もせずに状況を静観するといった行動的なコーピングに分けられます．

　ストレス・コーピングは同時に複数使われることがあり，どれが良いというものではありません．一般に，問題状況を何とか変化させることができると判断された時は，問題焦点型のコーピングを行います．一方，状況がこう着していてどうしようもない，変えられそうもないと判断すると情動焦点型を取る傾向があるようです．

　ただ，一方のコーピングが他方のコーピングを抑制し，新たなストレスを生じさせてしまうこともあるので，適切なコーピングを柔軟に使い分けていく必要があります．ストレス・コーピングの実行を規定する要因として，外的な要求に対する認知的評価，自己効力感，問題解決のスキル，社会的スキル，そして後述するソーシャルサポートなどの役割が指摘されています．

(3) 効果的なストレス対処法

　前項で紹介した行動パターンのタイプは，血液型と結びつけて語られる性格特性とはまったく関係ありません．また，現在のところ特徴的な行動パターンは血液型とは異なり，A，B，Cの3種類とされています[10]．ちなみに，心理学を含む科学一般において，血液型による性格分類等は認められていません．

　タイプAは，別名を「急げ急げ病」(Hurry Sickness) とも呼ばれることがあります．それは，やる気満々で競争心が強く，いつも時間に追い立てられる生活によって強いストレス反応を起こしてしまうからです．また，タイプAの

人を譬えて,「負けず嫌いのモーレツ・サラリーマン」と説明されます.「モーレツ」という言葉に古さを感じつつも,じつに言い得て妙だと思います.

　タイプＡ行動パターンの他にも,ストレスを強く感じるパーソナリティ特性があります.それは,引っ込み思案型,他人から少しでも問題を指摘されると非常にこだわる粘着型,そして完全主義型の人などが挙げられます.また,第3章(認知行動療法の項)にて言及した「認知の歪み」や「自動思考」も,これらと同様にストレスを感じることに大いに影響しています(CASE⑦参照).

CASE⑦　ぼくはもう,教師失格です.

　小学校教師の浜田さん(20代後半・男性)(仮名,以下同じ)は,深刻な表情でこう訴えました.

　私(カウンセラー)はその尋常でない様子に思わず身構え,浜田さんの語る言葉に注意を集中しました.そうしながらも,私の心にはいろいろな思いが勝手に湧いてきました.何か不祥事を起こしてしまい,そのことを告白しようとしているのか.はたまた,いわゆるモンスターペアレントの理不尽な要求を受けてどうしようもなくなっている状態なのか.しかし,あにはからんや,話の内容はけっこう静かなものでした.

　浜田さんによれば,先週の土曜日に父親参観があり,国語の授業をしていたそうです.その時,黒板に書いた漢字が2文字誤っていて,そのことを参観していた保護者から指摘されたとのことです.事実の経過としてはそれだけのことです.

　でも,浜田さんとしては大変恥ずかしい思いをして,一瞬頭の中が真っ白になってしまったそうです.その場は何とか取り繕うことができたものの,その日の夜から,「自分は教師には向いていない,失格だ」と強く思い悩むようになったといいます.

　浜田さんの話に一通り耳を傾けながらわかってきたのは,彼が「教師は,生徒の前では完璧でなくてはならない」という不合理な思い込みを抱えていることです.このビリーフ(信念体系)が,浜田さんの認知的評価に大きな影を落としていると言えそうです.

　本書の第3章でも述べたように,不合理な思い込みにおおむね共通する特徴は,「〜ねばならない」「〜べきだ」という思考に縛られていることでした.

　浜田さんのビリーフ,あなたならどう書き換えますか?

　たとえば，狭心症などを予防するため，タイプAからタイプBへと行動パターンを変化させていくには，① あくせくしない，② 自分を笑うことができる，③ 興味の範囲を広げる，④ 義務感を捨てる，⑤ 競争心を捨て，助け合う，⑥ 所有することより存在することに価値をおく，⑦ ゆったりする，といった転換が必要であると言われています．

　もしもあなたが，ストレスを溜めやすい特徴をもっていると自覚したなら，どのように対処し，ストレスがもたらす弊害を予防することができるのでしょうか．以下に，日常生活の中で実施できる代表的なストレス・コーピングの例を挙げてみます．

- ・休息をとる
- ・積極的に問題を解決する．
- ・ものの見方を変える．
- ・趣味・娯楽を楽しむ．
- ・気分転換を図る．
- ・リラクゼーションを行う．
- ・軽い運動をする．
- ・誰か（信頼できる人）に話す．
- ・ソーシャルサポートを活用する．
- ・スーパービジョンを受ける．

　他にもいろいろあるでしょう．これらのうち，「趣味をもつ」「気分転換を図る」「リラクゼーション」といったことは，一般によく勧められますが，どれも十分な休息・休養をとってから取りかかってほしいと思います．何よりもまず，自身が過剰なストレスを受けつつあると気づいた時点で，いったん休むことです．それは，必ずしも休暇をとって仕事を休むことを意味するものではありませんが，少なくともストレスフルな事柄から適度な精神的距離を置くことが必要となります．

　いきなり自発的に行動するタイプのコーピングに取り組むと，ともすれば，すべての対処法に対して「やらねばならない」という思いにとらわれて，でき

ない自分を責めるなど，かえってストレスの量が増えてしまいかねないからです．適度な休息をとってから，試みていただきたいものです．そして，無理なく実行できる，自分なりのストレス対処法を習得し，着実に実行することが大切です．

　対人援助者の方にも是非とも行って欲しいのは，「誰かに話す」ことです．利用者の話を傾聴することの重要性については，本書ではここまで何度となく言及してきました．話を聴いてもらうことの効用は，対人援助者にとっても同じです．援助者だからといったプライドや構えはいったん括弧に入れて，信頼できる誰かに思いつくままに話してみてください．いまさら言うのも何ですが，聴いてもらったという体験は，有効なストレス・コーピングとなります．

　また，「ソーシャルサポートの活用」(次項) と「スーパービジョン」もそれぞれに重要なストレス・コーピングとなります．「スーパービジョン」については，本章第3節で詳しく述べることにします．

(4) ソーシャルサポートを活用する

　ストレス・コーピングの成否を規定する要因として，認知的評価，自身に対する評価，問題解決のスキルなどと並んで，ソーシャルサポートの役割が指摘されています．ソーシャルサポート (Social Support) とは，種々の問題を抱えている個人に対して，周囲から与えられる支援のことです．

　過剰なストレッサーを受けてしんどい時は，「自分1人で抱え込まない」というのが鉄則です．また反対に，職場や周囲にストレスを抱えている人がいれば，仕事を分担するなど，積極的にサポートの手を差し伸べていただきたいと思います．

　ソーシャルサポートは，表6-1のように手段的サポートと情緒的サポートに区別されます．一般的には，特に情緒的サポートの効果が大きいとされています．これは，過剰なストレスが生じた時でも周りに支えてくれる人がいれば，問題に向き合えるということを示しています．そう，援助する人も，援助されなければならないのです．

　多くの研究者が，人間関係の豊かな人，人的ネットワークの充実している人

表6-1　ソーシャルサポート

手段的サポート
 （1）経済的に困っているとき，頼りになる人
 （2）あなたが病気で寝込んでいるときに，身の回りの世話をしてくれる人
 （3）引越しをしなければならなくなったとき，手伝ってくれる人
 （4）わからないことがあるとよく教えてくれる人
 （5）家事をしてくれたり，手伝ってくれる人

情緒的サポート
 （1）会うと心が落ちつき安心できる人
 （2）気持ちの通じあう人
 （3）常日頃あなたの気持ちを敏感に察してくれる人
 （4）あなたを，日頃から認め評価してくれる人
 （5）あなたを信じてあなたの思うようにさせてくれる人
 （6）あなたの喜びを自分のことのように喜んでくれる人
 （7）個人的な気持ちや秘密を打ち明けることのできる人
 （8）お互いの考えや将来のことなどを話し合うことのできる人

（出典）河野慶三「健康保持増進とストレス」『現代のエスプリ別冊　ストレスの臨床』至文堂，1999年，p.56（一
　　部改編）.

は，周囲の人間関係から孤立している人よりもストレスに強いことを指摘して
います．

(5) 対人援助職とワーク・ライフ・バランス

　近年，ワーク・ライフ・バランス（Work Life Balance）という言葉をよく耳
にするようになってきました．これは，まさに「仕事と生活の調和」という意
味ですが，仕事と生活のバランスを調和させることを目的としたさまざまな施
策のことも意味しています．

　もともとは，1980年代に米国で生まれた概念ですが，その背景には女性の社
会進出，家族形態の多様化，少子化対策の問題などがあることから，日本でも
取り入れられるようになりました．国もその推進に向け，2007年12月に「仕事
と生活の調和（ワーク・ライフ・バランス）憲章」と「仕事と生活の調和のための
行動指針」を策定しています[11]．

　また，政府広報によれば，ワーク・ライフ・バランスとは，「働くすべての
方々が，『仕事』と育児や介護，地域活動といった『仕事以外の生活』との調

和をとり，その両方を充実させる働き方・生き方のこと」としています．しかし，現実の社会では，「安定した仕事に就けず，経済的に自立できない」，「仕事に追われ，心身の疲労から健康を害しかねない」，「仕事と，子育てや親の介護との両立が難しい」などの理由で，多くの方がワーク・ライフ・バランスを実現できていないと現状について述べています[12)]．

　皆さんのワーク・ライフ・バランスはいかがでしょうか．これまで述べてきたように，対人援助職には職務の性質に起因する特有のストレス要因があります．それに加えて，雇用や職場環境においても種々の課題があり，上記の問題と関連する困難さがあることは否めない事実です．

　たとえば，看護職などの医療職の場合は，報酬面での待遇は比較的恵まれていると言えそうですが，慢性的な人手不足のため，現場に従事する者は常に激務を強いられている状態にあります．一方，介護・福祉職や心理職の多くが不安定な雇用条件（非常勤等）かつ低賃金で働いているのが現状です．

　筆者は，対人援助職とは，内閣府の憲章も目指している「ディーセント・ワーク（働きがいのある人間らしい仕事；Decent Work）」の1つだと思っています．しかしながら，公正な処遇の確保やメンタルヘルス対策について十分な取り組みがなされないままの状態が続くならば，バーンアウトを誘発し，うつをはじめ，「心の病気」にかかる人を増やしてしまうことにならないかと危惧するものです．

　本書の主旨としては，あくまでも実践現場や日常生活レベルでのストレス対策について述べることが中心ですが，敢えてマクロ的な視点からも，対人援助職のワーク・ライフ・バランスの現状にも触れておくことにしました．そのことによって，さまざまな悩みを「1人で抱え込まない」ことの現実性および妥当性と，今後の状況の改善に向けた取り組みにささやかながらも寄与したいという思いがあるからです．

《3》スーパービジョン

　スーパービジョン（Supervision）とは，対人援助専門職が，常に専門家とし

ての資質向上を目指すための教育訓練方法のことです．これは，医療・看護の分野ではあまり馴染みのない言葉かもしれません．カウンセリング（心理療法）や社会福祉の領域においては，相談機関や社会福祉施設などに従事する援助専門職が専門性を高め，よりよい実践ができるようになるために有効となるのがスーパービジョンの実施といえます．

　スーパービジョンの定義は，たとえば「スーパーバイザー（指導者）により，スーパーバイジー（指導を受ける者）に対する管理的・教育的・支持的機能を遂行していく過程のこと」であり，そこでは，実践の豊富な経験及び知識をもつスーパーバイザーによって，スーパーバイジーとの間に結ばれるスーパービジョン関係を通して実施されます．

　それは，端的にいうと，スーパーバイザーがスーパーバイジーに対して「スーパーバイジーの能力を最大限に生かして，よりよい実践ができるように援助する過程」のことです．したがって，カウンセラーやソーシャルワーカーに限らず，対人援助を担う者は，スーパービジョンを受けることにより，専門家として成長していくことが可能となるのです．

　ちなみに，スーパーバイザーは援助機関の管理職や専門職だけではなく，学生の指導にあたる学校（養成校）の教員もこの役割を果たすことになります．

（1）スーパービジョンの機能

　スーパービジョンには管理的機能，教育的機能，支持的機能の3つがあります．ここでは，それぞれの機能の概略を述べます．

管理的機能

　対人援助職が所属する組織・機関の期待する役割を適切に遂行していくことができるようにすることを目的とするものです．わが国では，まず援助機関や施設の管理運営という視点から，対人援助職への業務管理や指導監督に重点が置かれ，「管理的機能」が強調されてきました．本機能においては，援助機関として利用者に対して適切な援助が行えているかなどをチェックする意味合いが重視されます．

教育的機能 （評価的機能を含む）

　対人援助職の援助者としての力量，すなわち専門知識や技術を高めていくことが目的となります．対人援助技術の発展により，対人援助職の現任訓練や学生の実習場面での「教育的機能」が重視されるようになりました．援助技術の習得，社会資源の活用，職業倫理の確立などに対する教育的効果をねらいとする機能です．教育という観点から，本機能にはスーパーバイジーを評価するという機能も含まれます．

支持的機能

　主にスーパーバイジーへの心理的サポートを目的とするものです．対人援助職自身の抱える問題や課題を解決し，対人援助職が自己覚知を進めて成長していくことを助ける機能です．そこでは対人援助職の「燃え尽き」を防ぐなど，スーパーバイザーは，いわば「援助者のための援助者」の役割を担うといえます．

　武田建は，スーパーバイザーの支持的態度について，スーパービジョンには受容とか共感といったケースワーク関係とよく似た要素がある程度存在しなくてはならないと指摘しています．そのうえで，「それがなければ，スーパーバイザーとワーカーの出会いは，たんなる上下関係だけに終ってしまうのではないだろうか」と述べています[13]．

(2) スーパービジョンの形態

　スーパービジョンの形態には大きく分けて６種類あるとされます[14]．それは，① 個人 (個別) スーパービジョン (１対１で行う)，② グループ・スーパービジョン (１人のスーパーバイザーのもと複数のスーパーバイジーに実施する)，③ ピア・スーパービジョン，④ ライブ・スーパービジョン・⑤ ユニット・スーパービジョン，⑥ セルフ・スーパービジョン，です．

　③のピア・スーパービジョンは，スーパーバイジー同士がお互いに仲間としてスーパービジョンを展開する形態です．したがって，参加者全員がスーパーバイザーであり，同時にスーパーバイジーとなります．④ライブ・スーパービジョンとは，利用者の目の前で，スーパーバイザーが実際のモデルとなり，援

助の方法をスーパーバイジーに教えることです．とくに，実習生へのスーパービジョンでは，教育的機能を発揮するのに効果的です．⑤のユニット・スーパービジョンとは，複数のスーパーバイザーが1人のスーパーバイジーに対して実施する形態です．そして⑥セルフ・スーパービジョンは，対人援助職自身が自分の行った業務や援助を振り返り，点検し，さらに次の計画を立てることをいいます．

　これらの方法は，実践現場や対人援助職の経験・専門性の度合い，そしてスーパービジョン・システムのあり方などを踏まえ，複数の形態を適宜組み合わせて実施することが望まれます．

(3) スーパービジョンの実際

　ここでは，スーパービジョンの具体的手順について紹介します．まず，スーパービジョン関係も1つの契約であるとの認識が必要です．したがって，約束事の確認が欠かせません．スーパービジョンを開始する前に確認すべきことを整理したのが，**表6-2**です．

　スーパービジョンは，基本的には週に1回，1時間〜1時間30分の時間をとって実施するのが望ましいとされます．しかし，週に1回の実施は現実的に困難でしょう．そこで，せめて月1回，グループ・スーパービジョンという形でも実施していくことを確保するように努めたいものです．

　いずれにしても，スーパーバイジーは，少なくともスーパービジョン実施の数日前までに，ケースの概要，それに加えて検討したい点や課題をまとめたものをスーパーバイザーに提出する必要があります．スーパーバイザーは事前にケースの内容を把握しておくことで，有効なスーパービジョンが展開できるからです．当日，これらの記録を素材にしながら，スーパーバイジーの援助の方法，姿勢・態度，方向性等について話し合われます．ここでは先述のように，スーパービジョンの3つの機能に則して進められます．その際，事例についてはプライバシーへの配慮が不可欠となることはいうまでもありません．

　スーパーバイジーは，スーパービジョンを通して自己成長，そして専門職としての成長を遂げていくことを目指すべきだとされます．そのためには，スー

表6-2　スーパービジョンをはじめる前に確認すべきこと

（1）スーパーバイザーは誰か
・スーパーバイジーの職場の上司／同一職場の上司以外の人／職場外だが報告義務などの職場との契約のある人／職場と全く関係のない人／スーパーバイジーの専門性と同じ分野の人／異なる人，など
・役割は教育／管理／評価／サポート／調整，など
（2）スーパーバイジーは誰か
・新人／中堅者／ベテラン
・他の分野・職場での経験者（福祉・あるいは他領域）
・有資格／無資格，など
（3）扱う内容は何か
・知識や情報
・クライエントサービスの方法・技術
・スーパーバイジーの能力育成・自己覚知
・スーパーバイジーのサポート・バーンアウトの予防
・スーパーバイジーの業務管理・評価
・職場内・外の調整，など
（4）スーパービジョンの実施形態はどのようにするか
・いつ
・どこで
・どのような形で
・どのくらいの頻度で
・料金は必要か，必要だとすればどのくらいか
（5）スーパーバイザーとスーパーバイジーの関係がうまくいかなかった場合にどうするか
・スーパービジョン関係の解消プロセス
・スーパーバイジーからのクレーム処理（誰にどのように伝えるか）
・スーパーバイザーからのクレーム処理（誰にどのように伝えるか）
（6）スーパービジョン評価・報告はどのようにするか
・スーパーバイザーがスーパーバイジーについての評価・報告の何らかの義務をおっているか（資格の認定などと関係があるかについても含む）
・スーパーバイザーがどのように自身の評価・報告に参加するか
・スーパーバイザーのスーパーバイジーについての評価・報告はどのように使用されるか
・スーパービジョンそのものについての評価・報告はどのようにするか

（出典）塩村公子『ソーシャルワーク・スーパービジョンの諸相』中央法規出版，2000年，p. 94.

パービジョン実施後の振り返りも大切なプロセスとなります．スーパーバイザーから与えられたコメントやアドバイスをはじめ，スーパービジョンの内容をしっかりと記録しておく必要があります．そのことで，利用者との次回以降の面接や具体的な援助において，確実な効果が表れるといえるのです．

（4）コンサルテーションとの違い

　コンサルテーションとは，コンサルティ（相談する側）が受け持っているケースや問題状況への対応に関して，異なる専門性をもつコンサルタント（相談を受ける側）が，その専門性に沿った情報提供や示唆を与えながら問題解決に向けて協力することを意味します．たとえば，ソーシャルワークの体系においては，関連援助技術の１つとして位置づけられています．厳密には，ソーシャル・コンサルテーションといいます．一方，スーパービジョンとは，基本的に同職種間で行われるものとなっています．

　コンサルテーションも，相談やアドバイスを受けることではスーパービジョンとよく似ています．スーパービジョンではスーパーバイジーと同じ専門性をもつ経験豊かな専門家が後輩や同僚を対象として援助技術等のあり方をめぐっての学習や指導という機能を果たします．それに対して，コンサルテーションは教育や管理機能を有していないという点で，スーパービジョンとは区別されています．また，コンサルテーションにおいては，支援活動の展開に直接参加することはなく，あくまでも専門性の異なる専門家としての意見が求められることになります．

　対人援助職は実際に現場に出ると，チーム医療をはじめ，隣接領域等の他専門職から助言や指導を受けることがあります．そのことを真摯に受けとめながらも，しっかりと内容を吟味し，自らの専門性に関するアイデンティティをしっかりと持っていなくてはなりません．

注
1）　人生における重要な節目となる出来事．誕生，就学，就職，結婚，リタイヤ，死など，じつにさまざまな事が挙げられる．ちなみに，最もストレス度の高いライフイベントは「配偶者の死」となっている（ホームズとレイの社会的再適応評価尺度）．
2）　八田武志「ストレスとは」，八田武志・三戸秀樹・中迫勝・田尾雅夫『ストレスとつきあう法』有斐閣，1993年，pp. 32–33.
3）　第 3 章，注 3 ）を参照．
4）　『朝日新聞』2014年 5 月13日付朝刊「特養　看取りの場所へ」より．「特養の看取り介護加算」の請求件数は，今の仕組みになった2009年度の 1 万2500件に対し，2012年度

は 2 万200件と約1.6倍に増えている.

5 ）　大学院入試問題分析チーム編「燃え尽き症候群」『臨床心理士指定大学院　心理学キー
　　ワード辞典』オクムラ出版，2002年，p. 148.

6 ）　多田ゆかり・村澤孝子『看護師，心理士，教員などとその家族のために——対人援
　　助職のメンタルケア——』ミネルヴァ書房，2006年，pp. 39-40.

7 ）　2015年12月，改正された労働安全衛生法により，労働者のメンタルヘルス不調の未
　　然防止を主な目的として，従業員が50人以上いる事業所で定期的に行うことが義務付
　　けられたストレス測定調査のこと.

8 ）　たとえば，中央労働災害防止協会（略称：中災防）のホームページでは，「職業性ス
　　トレス簡易評価」をはじめ，いくつかのストレスの程度がチェックできます（http://
　　www.jisha.or.jp/web_chk/）.

9 ）　ラザラス，リチャード S.・フォルクマン，スーザン，本明寛・春木豊・織田正美監
　　訳『ストレスの心理学——認知的評価と対処の研究——』実務教育出版，1991年.

10）　ちなみに，タイプ C とは，他者を気遣う，我慢強い，感情を抑え込むといった性格
　　傾向を有するとされる，がんにかかりやすいと推測されているが，まだ十分には実証
　　されていない.

11）　内閣府「仕事と生活の調和（ワーク・ライフ・バランス）」（http://wwwa.cao.go.jp
　　/wlb/goverment/20barrier_html/20html/charter.html）.

12）　政府広報オンライン「特集　ワーク・ライフ・バランス」（http://www.gov-online.go.
　　jp/tokusyu/201302_02/sitte/）.

13）　武田建「スーパービジョン」，武田建・荒川義子編『臨床ケースワーク　クライエン
　　ト援助の理論と方法』川島書店，1986年，pp. 189-199.

14）　相澤譲治『スーパービジョンの方法』相川書房，2006年，pp. 14-18.

参考文献

岩崎久志『ストレスとともに働く——事例から考えるこころの健康づくり——』晃洋書房，
　　2017年.

スミス，パム，武井麻子・前田泰樹監訳『感情労働としての看護』ゆるみ出版，2000年.

田尾雅人・久保真人『バーンアウトの理論と実際——心理学的アプローチ——』誠信書
　　房，1996年.

武井麻子『感情と看護——人とのかかわりを職業とすることの意味——』〈シリーズ　ケ
　　アをひらく〉医学書院，2001年.

土居健郎『燃え尽き症候群』金剛書房，1988年.

武藤清栄・村上章子・鶴谷有子『師長・主任のこんな時どうする!?』医学書院，2005年.

コラム6　ストレス・コーピングのコツは大げさに考えないこと

　家族や友人など，近くに話を聴いてもらえる人が居ないときなど，1人でも簡単にできるストレス・コーピングで，しかもそこそこの効果を得るにはどうすればいいのでしょうか．

　以前，私自身がある心理系の学会にて，ストレス・コーピングを活用した療法のワークショップ（体験型の研修会）に参加し，ヒントを得たことを紹介します．

　そのポイントは，あまり大げさに考えないでいろいろと試してみることです．コーピング（対処行動）と言うと何だか堅苦しいイメージをもたれるかもしれませんが，決してそんなことはありません．

　たとえば，散歩する，机の上を片づける，風呂にゆっくりつかる，好きな映画（DVD）や音楽に浸りこむ，落語のCDを聴く，アルバムの整理をする，等々．まずは，あなたが過剰なストレス状況から距離をとり，気分転換できるためのツールを身近に用意しておくことをお勧めします．

　大事なのは質より量といえます．ワークショップの講師は，「しょぼいコーピング」を豊富に備えることが大切だと語っていました．そのためには，できれば気分のいいときに，コーピング・レパートリーを少なくとも10個以上試しておくことが，いざというときの心強いストレス対策になると思います．

　また，認定産業医の山本晴義氏は，その日に感じたストレスは，その日のうちに解消するという「一日決算主義」を提唱しています．そのために必要なのは，運動，労働，睡眠，休養，食事という5つの基本を，毎日の生活のなかできちんと保つことだとしています．さらに，こころの安らげる時間を1日のうちに増やすことが，毎日を生き生きと暮らしていくためのコツだとも述べています．

　1日が終わるとき，「今日も良い日だった」と思えるように，自分なりのストレス解消法をたくさんもつことで，たとえ何かに行き詰ったときでも，じょうずに壁を乗り越えやすくなるものです．

（文献）山本晴義「コミュニケーションに疲れたら──ストレス対策──」『smart nurse』116,
　2008年，pp. 120-123.

第7章 チーム支援に活かす，そして一人ひとり に寄り添うカウンセリング

　ここまで本書では，さまざまな対人援助の領域において，より有効な利用者への支援を実現し，対人援助職自身もいきいきと援助に携わっていけることを目指して，カウンセリングを活かしていくための理論と技法について述べてきました．

　本章では，今後ともますます増えていくことが確実なチームでの支援において，高度で円滑なコミュニケーションを図っていくための実践的な知識と技法について検討します．具体的には，カウンセリングの理論と技法をチームによる支援に役立てることを主眼に置いて考察を行います．

　医療の分野では，「チーム医療」が近年注目を集めています．ただ，ここでいうチーム支援とは，医療に限定したものではありません．福祉や教育など，さまざまな分野において，カウンセリングを活用した利用者とのコミュニケーション，専門職同士のコミュニケーション，他(多)職種間のコミュニケーションなどについて考えてみたいと思います．

　さらに，本書を締めくくるに当たって，一人ひとりの「生きられた経験」に寄り添う現象学的な視点によるかかわりについて述べたいと思います．

《1》 現代に求められるチーム支援

(1) 現代社会における支援ニーズの変化

　21世紀に入り，日本の対人援助分野は，概して共通する課題に直面しています．①少子高齢化，とくに超高齢社会の到来による，医療・福祉のニーズの増大，②医療・福祉サービスの高度化と複雑化による現場の混乱および疲弊，

③ 対人援助従事者の不足，④ 情報量の増大とマネジメント業務の煩雑化，⑤ 利用者の権利擁護と情報提供にかかわる業務量の増大など，です．

　このような背景から，医療だけではなく，保健，福祉，介護，教育といったさまざまな分野においても，チームによる支援，そしてそれに伴うチームマネジメントの必要性が高まっているといえます．

　日本でチームによる支援が論じられるようになったのは，理学療法士や作業療法士の資格化 (1966年) を経て，いわゆる「チーム医療」が登場してきた1970年代前半であるとされています[1]．その後，ますます進展する医療の高度化および専門化に伴い，視能訓練士 (1971年) を皮切りに，20世紀の末ごろまで次々と国家資格としての専門職が誕生しました．

　一方，医療の対象者が抱える疾患は，感染症などの急性疾患から生活習慣病などの慢性疾患へとその主流が大きく変化してきました．それに伴い，対象者も若年者より高齢者の数が増え，また，ケアの場は病院 (施設) から地域へと移ってきました．その結果，医療面だけではなく，福祉をはじめとする，生活全般を支えるという視点が求められるようになりました．

　しかしながら，このように医療に対する患者のニーズが多様化・複雑化する状況にあっては，すでに医療職たけでは支えることができなくなっているといわざるを得ません．そこで，病院やそこに属する医療・福祉職だけではなく，地域で活動する福祉・介護職も含めた多職種チームによる支援とそのマネジメントが必要になってきたのです．

　たとえば，2000 (平成12) 年に制定された介護保険制度では，制度のサブシステムとして，ケアマネジメントが導入されました．そこでは，多職種チームによる「総合的，一体的，効率的なサービスの提供」が強調されています．そして，ケアマネジメントを担う職種として，介護支援専門員 (ケアマネジャー)[2]が位置づけられました．

　さらに，2006 (平成18) 年の介護保険法改正により，各市町村に地域包括支援センターが設置されることになりました．そこでは，保健師，主任介護支援専門員，社会福祉士が必置となり，3職種の連携によって，介護予防ケアマネジメント，相談助言，継続的ケアマネジメント，権利擁護事業を行うことを目

的として活動が行われています．これは，従来の縦割り行政を解消して，いわゆるワンストップサービスにすることで，連携を容易にし，適切かつ迅速に支援を行うという画期的なものといえます．

　チーム支援，チームマネジメントが導入されてきている対人援助は，医療・福祉に直接関連する領域だけではありません．たとえば，筆者が長年にわたりかかわってきた教育臨床においても，すでに多職種連携や支援ネットワークの構築は常識となりつつあります．近年，スクールカウンセラーやスクールソーシャルワーカーといった，心理や福祉の専門家が学校現場に配置されるようになり，児童・生徒に対する多面的な支援が行われてきています．とくに，スクールソーシャルワークの実践においては，子どもの最善の利益のために，学校・家庭・地域（相談機関等）の連携を図りつつ，子どもの生活全般を視野に入れた支援に取り組んでいます[3]．

　また，突発的に生じる災害時の支援においても，緊急時の災害派遣が叶うよう，種々の支援チームが整備されてきつつあります．たとえば，兵庫県では，被災した精神科病院の患者対応や，地元で保健医療に携わる人のサポートなどを担う「災害派遣精神医療チーム」（DPAT）を整備するとしています．これは国の施策に連動した取り組みで[4]，同県は2015年以降，研修をとおしていざという時の派遣に備える態勢を整えています．

　兵庫県の「ひょうごDPAT」の場合，チームは精神科医や看護師，臨床心理士ら５人ほどで構成され，被災した都道府県の要請で派遣されます．そして数チームが１週間程度で交代しながら，数週間から数か月活動することになります．活動内容としては，精神科病院の患者の移送や，精神科医療機関の被災で受診できなくなった患者への対応，被災者のPTSDの予防など，幅広いものとなります．

　ここで紹介したいくつかの支援の取り組みにも見られるように，今日の対人援助においては，チームによる援助に対するニーズがますます高まっているといえます．その要因は，問題そのものが複雑多様化してきているだけではなく，支援の実践に関しても，もはや個人あるいは単独機関による援助では限界があるということが大きいといえます．また，チームでかかわることによって，安

全性や効率性の向上，対人援助職の負担軽減，そしてその結果として利用者の生活の質を高めることにつながると考えられるからです．

　したがって，「チーム支援」の成功および確立は，対人援助における喫緊の重要課題の１つといえます．「連携」や「協働」とならんで，すでに時代を象徴するキーワードとなっており，チームによる支援に対する社会的期待は高まっています．さらに，その動向により，今後の対人援助のあり方が左右されるといえるくらいの，影響の大きさを感じざるを得ません．

(2) チーム医療の現状

　本書では，「チーム医療」を他のチーム支援とは区別し，限定された概念として扱っています．それは，前項で述べたような背景から，2009（平成21）年８月に厚生労働省において「チーム医療の推進に関する検討会」が発足され，のべ11回におよぶ議論を重ねてこられた経緯があるからです．

　また，チームによる支援には種々のメンバー構成の形態があり，たとえば看護部や医局などのように，同じ職種の人たちによるものもあるからです．一般病棟のナースステーションなどは，いわゆるジェネラリストチームであり，ここでいう多職種によって構成される「チーム医療」とは組織形態が異なります．

　「チーム医療の推進に関する検討会」による検討の結果，2010（平成22）年２月に「チーム医療の推進に関する基本的な考え方について」(素案)が発表され，チーム医療の基本的な考え方が示されました．本検討会におけるチーム医療とは，「医療に従事する多種多様なスタッフが，各々の高い専門性を前提に，目的と情報を共有し，業務を分担しつつも互いに連携・補完し合い，患者の状況に的確に対応した医療を提供すること[5]」としています．

　この報告書が発表されるかなり前から，医療現場ではすでに，１人の患者に対して，数多くの職種の人々が専門的にかかわってきている状況にあります．今日，「チーム医療」としてその指示する内容は，すでに1980年代あたりから医療従事者には共通に理解されていたようです．

　医師，看護師以外で，チーム医療にかかわる可能性のある，病院における従事者（職種）は，下記のとおりです．

歯科医師，薬剤師，保健師，助産師，理学療法士，作業療法士，視能訓練士，言語聴覚士，義肢装具士，歯科衛生士，歯科技工士，診療放射線技師，診療エックス線技師，臨床検査技師，衛生検査技師，臨床工学技士，あん摩マッサージ指圧師，柔道整復師，管理栄養士，栄養士，精神保健福祉士，社会福祉士，臨床心理士，介護福祉士，診療情報管理士，事務職員（メディカルクラーク）等．

　いまや医療機関は，30を超える専門職の集まりとなっています．医師や看護師以外の医療従事者はパラメディカル（Paramedicals）またはコメディカル（Co-medicals）と呼ばれ，従来は医師の指示のもとで補助的に分業するという構図になっていました．しかし，ありうべき「チーム医療」においては，チームのメンバーが共通の目標を持ち，お互いの信頼感に基づき，患者の最善の利益のために協働するというあり方が目指されることになります．

　ちなみに，コメディカルの病院内での立場は不安定な場合が多く，医師や看護師から専門職として認知されておらず，病院組織の中に十分組み込まれているとは言えない状況が長く続いていました．しかし近年は，医療の高度化や専門化が進む中で，もはや欠かせない存在として名実ともに市民権を得つつあります．それに伴い，補助的な役割としてのコメディカルから，医療従事者として自立したイメージの強いヘルスケアワーカー，あるいはより包括的にメディカルスタッフという呼称が使われるようになってきています．

　細田満和子は，今日の看護師やコメディカルを専門職として捉え，1人の患者に対して，どのような職種がどのようにかかわることになるのかを例示しています．そこでは，脳梗塞患者の発病からリハビリテーション，社会復帰という過程を追いながら概観しています．少し長くなりますが一部を抜粋して，チーム医療実践の具体的なイメージを提示するために，急性期および亜急性期段階の記述を事例（CASE ⑧）として引用します[6]．

　本ケースのように，1人の患者に対しては，そのときどきの問題に応じてさまざまな医療従事者が関与していきます．今日の医療は，多様なメディカルスタッフの組み合わせの中で総体が形づくられているのです．また，医療現場におけるチーム医療の推進のほか，医療機関同士の役割分担・連携の推進，必要なスタッフの確保，総合医を含む専門医制度の確立，さらには医療と介護の連

携などを含めたチームに発展することが期待されています．

CASE ⑧　**脳梗塞患者へのチーム医療**──多様な医療専門職のかかわり──

　発病してすぐから3，4日までは急性期といわれる．まず頭部CT，または，MRIによる検査が行われる．そこでは放射線科医，臨床工学技士や診療放射線技師があたる．脳梗塞の一般的な治療は，内科医治療である薬物療法であるが，場合によっては外科的治療である手術が適用になることもある．内科的治療の場合は神経内科医が，外科的治療の場合は脳神経外科医が治療を行う．急性期には，免疫力の低下がおこり，嚥下困難から肺炎，排尿困難から尿路感染等の合併症を生ずることがある．安静臥床に起因する褥瘡（床ずれ）や廃用症候群（手足の衰え）等の合併症を予防する必要もある．看護師は，こまめに痰の喀出を促したり，清拭することで全身を清浄に保ったり，体位変換をして床ずれを予防したりしている．理学療法士は他動運動（手足の拘縮を防ぐための他動的な関節可動域の維持と改善のための訓練）をして，手足の衰えを予防している．

　つぎに患者は亜急性期（ADL回復期）にはいる．このころになるとリハビリテーションが本格的に加わってくる．リハビリテーションには，リハビリテーション医，看護師，理学療法士，作業療法士，言語聴覚士，臨床心理士があたる．リハビリテーション医は，患者の病状を鑑みながら，全体的なリハビリテーションの計画を立てる．理学療法士は主に下肢，作業療法士は主に上肢の機能回復のために患者にあった方法を提示し，訓練室で訓練を行う．失語や失認といった言葉や認識に関する訓練は言語聴覚士が，患者と一対一で向き合って行う．徐々に進行するわけではなく，突然身体の麻痺が降りかかる脳梗塞患者の精神的なショックは計り知れないので，臨床心理士が患者の精神面を支える．そして看護師は，患者の病室での訓練を援助したり，患者の病院生活における全般的なケアを行う．（以下，慢性期および退院調整の支援に関する記述は省いている）．

（出典）細田満和子『「チーム医療」とは何か──医療とケアに生かす社会学からのアプローチ──』日本看護協会出版会，2012年，pp.164-165.

　また，チーム医療の実践を促す要因として，診療報酬の加算という制度が創設されたことがあります．チーム医療を行うことが診療報酬で評価されるようになると，病院の経営・管理者はチームの創設に協力的になるといえます．その結果，チームは組織的なサポートを得ることになり，さらにチーム医療が推

進されるということになります.

　1994 (平成6) 年の診療報酬改定以降, 複数の職種が協働でサービスを提供することを評価した点数が, 次々と導入されてきています. 入院基本料等加算の中で, 代表的なものは次のとおりです.「緩和ケア診療加算」「栄養サポートチーム加算」「呼吸ケアチーム加算」「医療安全対策加算」「褥瘡患者管理加算」「退院調整加算」等々があります.

　先述の報告書[7]には, 医療チームの具体例が, そこにかかわる医療従事者とともに示されています. そこから, 下記に引用しておきます.

　　・栄養サポートチーム：医師, 歯科医師, 薬剤師, 看護師, 管理栄養士　等
　　・感染制御チーム：医師, 薬剤師, 看護師, 管理栄養士, 臨床検査技師　等
　　・緩和ケアチーム：医師, 薬剤師, 看護師, 理学療法士, MSW　等
　　・口腔ケアチーム：医師, 歯科医師, 薬剤師, 看護師, 歯科衛生士　等
　　・呼吸サポートチーム：医師, 薬剤師, 看護師, 理学療法士, 臨床工学技
　　　　　　　　　　　　士　等
　　・摂食嚥下チーム：医師, 歯科医師, 薬剤師, 看護師, 管理栄養士, 言語
　　　　　　　　　　　聴覚士　等
　　・褥瘡対策チーム：医師, 薬剤師, 看護師, 管理栄養士, 理学療法士　等
　　・周術期管理チーム：医師, 歯科医師, 薬剤師, 看護師, 臨床工学技士,
　　　　　　　　　　　理学療法士　等

　上記以外にも, 特定の疾患 (がん, 糖尿病・高血圧・高脂血症等の生活習慣病等) に対する取り組みのためのチームを組織することも謳われています.

《2》 多職種連携の課題と展望

(1) 多職種によるチームの類型

　他 (多) 職種によって構成されるチームには, いくつかのモデルがあります. ここではまず, その類型について少し整理しておきます. 多職種連携の代表的なあり方として, 下記の3つのモデルを挙げることができます[8][9].

マルチディシプリナリー・モデル (Multidisciplinary Model)

　緊急な課題を達成するために，しばしば 1 人のリーダーの指示により，メンバーは与えられた役割を果たすことに重点を置いたチームに適用されるモデルといえます．自分の役割に限定して，それぞれが独立して仕事を行うため，連携や協働の機能は弱くなります．医療においては，救急や急性期などの緊急性の高い状況で多くみられます．医師がリーダーとなり，指示に従って各メディカルスタッフが業務を行うというヒエラルキー（階層構造）になりやすい傾向があります．

インターディシプリナリー・モデル (Interdisciplinary Model)

　インターディシプリナリーとは，研究などが複数の異なる領域にまたがる「学際」という意味です．医療における回復期や慢性期といった，緊急性がなく直接人命にかかわることが少ない状況において適用されるモデルです．しかしながら，当該チームは複雑で多様（まさに学際的）な問題の解決に取り組んでいることが想定されます．したがって，このモデルのチームメンバーは，お互いに目的を共有しながら，果たすべき役割を担い，連携・協働していくことになります．そのために，高度なマネジメント能力とコミュニケーション・スキルが必要となります．

トランスディシプリナリー・モデル (Transdisciplinary Model)

　このモデルは，マルチディシプリナリー・モデルとインターディシプリナリー・モデルの中間のタイプとして位置づけられています．ここでは，各メンバーの連携・協働だけではなく，役割の開放（Role Release）を意図的に行うことになります．役割開放とは，異なる専門職があえて別の専門職の仕事を担当するということです．たとえば医療においては，看護師がリハビリで理学療法士の補助を行ったり，作業療法士が看護師の業務を手伝ったりすることなどです．このモデルの問題点は，メンバーの役割が不明瞭になってしまうことです．

　これらのように，チームによる支援のモデルは複数あり，それぞれに利点と欠点があります．したがって，課題に応じてチームの形態を選択し，達成すべき課題に最も適したモデルを用いることが大切となります．また，実際のチームでは，課題の複雑多様性のために，複数のモデルを組み合わせるなどしなが

ら，柔軟な実践を行っている場合も多いようです．さらに，チームメンバーに利用者本人とその家族も参加し，対人援助者と協働して実践していくチーム支援（チームアプローチとも呼ばれる）のあり方も模索されています．

(2) チーム医療の課題

　現代医療の抱えるさまざまな問題の克服に向けて，いまやチーム医療は「救世主」「希望の方法」といった捉えられ方をされているようです．しかしその実施は，必ずしも簡単なものではないようです．すでに40年程も前から，その必要性が唱えられてきているにもかかわらず，現在も相変わらず要請され続けています．そのことを鑑みても，ニーズを十分に満たす形では，まだまだ実現が困難であることが推察されます．

　そこで，効果的なチームによる支援の実現のために，チーム医療を例として，あらためてその課題を整理してみます．そのうえで，打開策を模索するとともに，その方策にカウンセリングの理論と技法を何らかの形で役立てられないかと，その可能性について検討することにします．

　多職種によるチームの各モデルの特性からみるだけでも，チーム医療の直面するいくつかの課題が明らかになるように思います．たとえば，医療従事者のヒエラルキーの弊害，専門職間の連携・協働のためのチームマネジメントの課題，メンバー同士のコミュニケーション・スキルの不足，役割分担の問題といったことです．

　篠田道子は，医療・福祉のチームマネジメントを取り巻く今日的な課題として，下記の6点を挙げています．[10] 篠田の問題意識は多職種連携のためのマネジメントのあり方にあるようですが，チーム医療の抱える課題と共通するところが多いと考えられるため，そこで示される論点に基づいて整理することを試みたいと思います．

　　① 限られた資源で最大の効果を生み出すマネジメントが求められています．

　　　もともとわが国は，諸外国に比べて多くの病床を手薄な人員配置で対

応しています．しかも，経済の低迷と医療費の増大により，今のところ大幅な人員増は期待できそうにありません．

② 医師を頂点とした階層構造を構築しやすい．

　医師の業務独占により，医師でなければできない行為が明確になっています．一方，コメディカルは，医師の指示がなければ業務を遂行できない仕組みになっていることも関係しています．法的には，医師の指示は包括的指示と個別的指示に分かれますが，包括的指示の概念が曖昧なため，しばしば役割分担をめぐって対立が起きます．

③ 教育課程や価値観が異なる専門職で部署を形成している．

　医療現場では職種別部署による組織が形成されていて，それぞれに指示命令系統があります．部署の独立性は高い反面，部署間の連携が弱く，セクショナリズムになりやすいといえます．このような意識になるのは，基礎教育で専門職の連携に関する教育を学んでいないことも原因にあります．

④ チーム対チームという新たな対立が起こっている．

　チーム医療の推進により，たとえば栄養サポートチームなど，各部門からメンバーを募った専門的なチーム，いわゆるコンサルテーション型チームが増えています．それに伴い，コンサルテーション型チームとジェネラリストチーム（病棟チーム）との間で対立が起こっているといいます．その背景には，スペシャリストをうまく活用する組織づくりが遅れていることがあります．

⑤ 個々人の仕事に対するコミットメント（やる気や責任感，個人と組織が果たすべき役割や決意）は高いが，組織へのコミットメントは低い．

　横の連携がない組織（セクショナリズム）に馴染んできた人間がチームで活動しようとすると，自分の立ち位置がはっきりせず，どのように対応してよいのかわからないためです．あるいは自らの存在感を感じられないといった理由から，チームへのコミットメントがもてなくなると考えられます．

⑥ 対人関係スキルが求められている.

　　対人援助職には利用者・家族との信頼関係が不可欠であるにもかかわ
　らず, 身につけられていない者も少なくありません. その理由として,
　対話型コミュニケーションや当事者の参加を促すスキルといった, 対
　人関係スキルを習得するための教育方法が未確立であるためと考えら
　れます.

　これらの6点に加えて, さらに篠田は, チームマネジメントには専門職を束
ねる人材（ジェネラルマネジャー）と, チームマネジメントを展開できるシステ
ムが必要になると指摘しています. そのうえで, チームマネジメントにも限界
があり, チームで行ったほうがよいのか, あるいは個人で行ったほうがよいの
かを見極めることの必要性を述べています.

　また, 現行のチーム医療は医師・看護師中心に展開されており, 診療報酬に
関しても, 主に医師と看護師の数によって定められる限定した評価であるとし
ています. この問題に対しては, コメディカルとの役割分担により, 業務負担
の軽減や効率的なケアの提供が期待できるとしています.

(3) 課題の整理, そして解決に向けて

　チーム医療が直面している課題の克服を検討するにあたって, まずは (2)
で述べた課題群を整理する必要があるでしょう. 課題によって, 解決を図って
いくための取り組みの方法が異なるばかりか, 取り組みの対象の次元が異なる
問題が混在していると考えるからです.

　そこで, 多岐にわたる課題を複眼的な視点によって区分することにします.
そのために, 課題群をマクロ, メゾ, ミクロという切り口により, 問題の規模
あるいは水準の違いに沿って下記のとおりに分けてみます.

　〈マクロの課題〉
　・限られた人員配置で最大の効果を生み出すことが求められている.
　・医師を頂点とした階層構造になりやすい.
　・チームを構成する専門職の養成課程の違い.

〈メゾの課題〉

・コンサルテーション型チームとジェネラリストチームの対立.

・チームを構成する専門職間の価値観の違い.

・ジェネラルマネジャーとチームマネジメント・システムの必要性.

〈ミクロの課題〉

・専門職個人の組織へのコミットメントの低さ

・対人関係スキルの向上

　このように，便宜的に一応分けてみましたが，いずれの課題も，必ずしも単一の次元に属するとは明確に言い切れない面があります．また，次元の枠を超えて，密接につながっていると考えられる課題もあるのではないかと思います．

　ただ，本書ではチーム支援の課題克服に資するために，カウンセリングの理論と技法を活かすことの検討を主眼に置いています．したがって，対象とする課題は，制度的な性格の強いマクロ次元の課題よりは，ミクロおよびメゾレベ[11]ルの問題解決を想定した考察や提言が中心にならざるを得ません．それでも，複眼的な視点で見る以上，自ずとマクロな課題にも触れることになることは必至です．たとえば，下記の問題などは，規模の大小とは別の次元で，喫緊の課題として検討していかなければならないことだと考えます．

医師を頂点とした階層構造になりやすい.

　チーム医療の問題点として必ず指摘されることが，ヒエラルキー（階層構造）の弊害です．メディカルスタッフがチーム医療の要件として捉えているのは，メンバー間の対等性とそれに基づく連携・協働といえます．そのことによって，異なる知識と情報を持つ者同士の自由なコミュニケーションが成立すると考えられているからです．しかしながら，医療におけるすべての職種の法律には，業務を行う際には「医師の指示の下に」という条文が入っており，自らが専門とする領域においても独自に判断ができないという現状にあります．

　先述のように，医療の高度化や専門化が進むなか，医師だけでは今日の医療に対応していくことは困難となっています．したがって，臨床現場の実情に適合した制度の見直しが切に望まれるところです．その１つの動きとして注目さ

れるのが,「特定看護師 (呼称)」の導入です.これは,医師の包括的指示に基
づいた一定の範囲内の特定医行為を実施できる資格とされ,2014年に「特定行
為に係る看護師の研修制度」として創設されたものです.

　看護師だけではなく,種々の医療スタッフの役割が拡大してきている状況下,
「特定看護師 (呼称)」のように,専門職としてのメディカルスタッフがある程
度の独自性と自律性を担保する方向で改革が進まなければ,実効性のあるチー
ム医療の実現は困難となるのではないでしょうか.

**　チームを構成する専門職の養成課程の違い.**

　近年,大学の医療系の学部などでは,教育課程の中でチーム医療を理解し,
実践に生かそうとする講座が設けられています.これは,学生の段階から,医
療はチームで行うという認識と経験を教え,入口から変えていこうとする試み
といえます.そこではたとえば,医学部と看護学部と薬学部とが合同で実習を
体験したり,「チーム医療論」という授業が提供されていたりします.[12]

　高知大学では,看護学教育においてチーム医療に関する教育を行う際に,
「チーム基盤型学習法 (Team-Based Learning：TBL)」という学習方法を導入して
います.[13] TBL とは,学生の能動的な学習を促すもので,5人から7人のメン
バーが1つのチームとなり,問いかけや討論をとおして課題を達成していこう
とするものです.看護教育に TBL を取り入れることで,同僚,患者,その他
の関係職種と効果的にコミュニケーションをとり,協働することが学べるとの
期待が寄せられています.

　参考までに,教職課程においても,1998 (平成10) 年から小学校免許や中学
校免許を取得希望の学生は「介護等体験」を必修科目として履修しなければな
らなくなっています.介護等体験とは,18歳に達した後7日を下らない範囲で
特別支援学校または社会福祉施設で行われる体験を指します (小学校及び中学校
の教諭の普通免許状授与に係る教育職員免許法の特例法に関する法律).

　上記体験の目的は,「多様な人間の存在とその価値,考え方の違いを認識し,
人間に対する理解を深める」ことを筆頭に,「対人援助の実際に触れて,人間
関係形成の重要性,姿勢や方法等を学ぶ」といったことも掲げられています.
このように,医療や福祉とは異なる分野の専門職を志望する場合も,対人援助

の現場に触れることが求められる時代になってきているのです．

　ここで整理したチーム医療の課題は，制度的な変更にかかわるものを除くと，そのほとんどがコミュニケーションに関連する問題です．だからこそ，チーム医療をはじめとした多職種連携によるチーム支援の課題解決には，カウンセリングの理論および技法を活かすことができると考えられます．その中でも，基盤となる重要かつ有効な方法とは，本書の基礎編で述べた，自己覚知とそれを踏まえた傾聴の姿勢によるかかわりといえます．

《3》 「生きられた経験」を理解する現象学的な視点

(1) 現象学的な視点とは

　本書の最後に，あらためて対人援助職が，利用者の一人ひとりに寄り添う支援を実現していくための「ものの見方」について述べておきたいと思います．それは，現象学的な視点です．

　現象学とは，「あらゆる学問の基礎をつくる」という意志に基づき，20世紀初頭にドイツの哲学者フッサール（Edmund Husserl, 1859-1938）の提唱によって始まった哲学的立場を指します．わが国において現象学が最初に紹介されたのは，1911年，哲学者の西田幾多郎によるとされます．対人援助の領域では，質的研究のアプローチとして，まず1960年代に看護界への導入が試みられています．

　しかしながら，現代医療の主流は，「エビデンスに基づいた医療」（Evidence Based Medicine）という考え方が主流となっています．それに伴う量的研究の席捲によるものか，その後しばらくは日本の看護界において現象学という言葉が取りあげられることはほとんどありませんでした．

　再び現象学への関心が高まるのは1990年代に入ってからのことです．その背景には，近年の日本の医学界や看護界の一部で，身体と精神の分かちがたさや人間存在の意味を洞察した「現象学」が注目されたり，「物語と対話に基づく医療」（Narrative Based Medicine）という概念が登場してきたことがあるようです．そして近年，再び現象学的方法をとり入れた研究は活発に進められており，

看護以外の対人援助領域にも広がってきています.

　筆者の専門領域の一つ (教育臨床) に引きつけて述べると, たとえば学校現場にスクールカウンセラーを配置した結果, 数値上では当該学校における不登校生徒の割合の低下が示されたとしても, そのことだけではカウンセラーによる支援の具体的な内実は見えません. もちろん, 調査方法や質問紙内容の工夫次第でより明らかになってくることもあるでしょう. そういう意味では, 筆者は量的研究の重要性も認識しています. しかしながら, 不登校という現象やそれに対する支援のあり様の本質を明らかにするということでは, 質的研究と比べて限界があることは否めません.

　フッサールは, 認識において, あくまでも意識に与えられる現象のうちに踏みとどまり, その内的構造の記述を試みようとする自分の立場を現象学と呼びました. フッサールはまた, 「客観的世界」の存在を無条件に前提にせず, 自分自身の意識をもその内容の一領域とみる独断的な態度, 常識と科学一般とが共有しているこの態度を「自然的態度」と呼び, これを停止し, その「世界定立」の働きを遮断する方法的操作を「現象学的還元」と呼んだのです.

　私たちは「現象学的還元」を行うことによって, 自分自身に明証的に与えられている意識体験を, もはや世界的内部過程としてではなく, その世界をも含めて一切の存在者の存在意味がその意識のされ方から一義的に解明されうる「超越論的」な場とみなし, その包括的な記述を目指しうることになります.

　哲学的な話は, ここまでにしておきます. 端的に言えば, 現象学とは, 「事実そのものに立ち返り, 体験しているその人の側からその人の体験世界を理解しようとする態度, アプローチ」と考えられます. また例えば, 「世界の多様な現れ方を, そのなかで生きる主体との関わりを通して明らかにすることを主眼とする」学問であるともいえます.

　そのために現象学では, まず意識の外部に客観的な世界が実在する, という確信を一旦保留 (エポケー) し, それにもかかわらず世界の実在性を確信するのはなぜかという, その根拠を考えることになります. それに関連すると思われることとして, 田口茂は, 現象学を「自明なものの学」として, フッサールは「自明」なもの, あまりにも「あたりまえ」であるがゆえに, ふだんわれわ

れが問おうともしないものこそ，現象学があえて問おうとするものであると述べています[16].

　また，対人援助における現象学的研究とは，患者やクライエントをはじめ，利用者自身の立場から体験を理解するために，現象学の考え方に基づいた方法やアプローチに沿って研究するものです．そこでは，研究協力者自身の表現(語り，記述，絵画などの表現)をデータとして，研究者自身の先入見を括弧に入れ，現象学的な方法（後述）に従って厳密に分析し解釈していく研究とされています．

　現象学的な視点を用いることにより，経験の意味に着目し，それをあらためて問い直し，普段は自覚していない「生きられた経験」の構造や成り立ちを明らかにすることが可能となる，ということなのです.「生きられた経験」とは，意味を帯びた経験のことであり，数的データによっては捉えられない現象といえます．

　例えば，病気について考えてみます．現象学に基づいて優れた看護理論を展開しているパトリシア・ベナー (Patricia Benner) とジュディス・ルーベル (Judith Wrubel) は，病気を「疾患 (disease)」と「病い (illness)」とに区分し，「疾患」は，「細胞・組織・器官レヴェルでの失調の現われ」，「病い」は，「能力の喪失や機能不全をめぐる人間的経験」とそれぞれを定義しています[17].

　上記の区分では，「疾患」については，主に検査による数的データに基づき医学的な判断（診断等）がなされます．一方，「病い」のほうは，当事者が病気をどのような意味合いで経験しているのかが重要となるでしょう．もちろん，ここでの「生きられた経験」とは「病い」に該当します．

　榊原哲也によれば，「疾患」は人のものの見方やそれまでの経験，その人の置かれた状況などに応じて異なる「意味」を帯びて「病い」として体験されるのであり，この「病い」体験の理解こそが，患者理解のカギを握るとしています．そのうえで，実証主義的性格をもつ自然科学的・医学的なものの見方によっては十分に捉えられない「病い」という体験の研究が重要かつ不可欠のものとなってくると述べています[18].

　また榊原は，同じがん疾患にかかったとしても，まだ若く子どもも小さく働

き盛りの人と，すでに子が成長し自身もリタイアしている高齢者とでは，がん宣告は異なった意味をもちうるだろうと，具体的な例を挙げて解説しています[19]．このように，「生きられた経験」のもつ意味を理解することは，対人援助職にとって，利用者への支援に役立つことは間違いないでしょう．

　現象学的な視点は，一人ひとりに寄り添うという意味では，第1章で触れた河合隼雄の「個人を大切にする臨床の大切さ」や，主に第4章で解説したバイスティックのケースワークの原則における「個別化」の概念と通底しているといえます．それは，「あたりまえ」と思われていることに無自覚に同調するのではなく，自分の内面や行動のあり方を問い直すことになります．それによって，価値観の異なる相手としての利用者を，真の意味で受容・共感することが可能となり，意味のある気づきをもたらす傾聴や支援の実現につながるのです．

　フッサール自身は，「直接経験」において外部世界が実在するという確信がどのように生まれるかという問いに答えるために，意識は以下の3つの段階的な過程を進むとしています．①まずはこの「直接経験」を記述することからはじめる．②そこで得られた記述を，想像によって自由に変更する．そして，③さまざまな現れ方の向こう側にある同一性を直観すること，となります．また想像によって変更しても変更されないものは本質であり，その本質を追求する考察を，本質直観 (本質観取) といい，実存的意味の取り出しを意味するとともに，現象学的考察の目標ともされています．

　現象学的研究にはマニュアルや決まった手順がないとされています．ここでは，紙数の都合で，また本書では「現象学的な視点」を紹介することが目的であるため，現象学的考察の詳細を紹介することは叶いません．そこで，現代における代表的な現象学的研究者の一人といえるジオルジ (Amedeo Giorgi, 1931–) による方法のなかの，分析の3つのステップをごく簡単に紹介しておくことにします．そこでは，一事例のインタビュー・データを重視し，対象者が生きてきた当該の経験について可能な限り完全な記述と分析を行います[20]．

　　①全体の意味を求めて読む：記述全体の感じをつかむために記述の総体を
　　　読み込む．

②意味単位の識別化：このステップの目的は，記述の内部に含まれている
　意味単位を確立すること．

③参加者の自然的態度の表現を，現象学的心理学的に感受性のある表現に
　変換する：意味単位とその詳細な記述へと再び立ち返る．

　なお，上記のステップは，あくまでもフッサールの現象学を修正するという
吟味を通して導き出されたものです．

　本書では，再三にわたって，対人援助者が自分の「こころのクセ」を知り，
自分自身の在り様に気づくことが大事であると述べてきました．また，他（多）
職種と連携する際には，自身の立場の根拠を疑うことを心掛ける必要がある旨
のことも記してきました．それは，チームによる支援のみに当てはまるもので
はなく，たとえばプライマリーナースのように，終始受け持ち患者を担当する
立場にあっても同じことだと思います．

　専門性を備えた対人援助職が，上記のことに取り組んでいくには，いわゆる
素人の立場よりも，かえって膨大なエネルギーを注ぐ必要があるのではないか
と思います．だからこそ，本書の冒頭（p. 3.）で述べた「パターナリズム」に
かえって陥りやすい傾向にあるともいえます．

　対人援助専門職は知識の枠組みがしっかりしているだけに，自身の有する価
値観や専門知識を意図して括弧に入れなければなりません．これは忍耐を伴う
作業です．それには，自分が納得のできる強靭な理屈，すなわち実践のための
哲学的基盤がないと自らの心の主張を抑えることに耐えきれなくなるのです．

　ここでいう哲学的基盤（根本の原理）とは，竹田青嗣が述べるように，「いつ
のまにか出来上がっている常識的な世界像を絶えず疑い直すような思考の一技
術」を意味しています．それこそが，現象学的な視点だといえます．[21)]

（2）信念対立を解くために

　現象学の知見は，チーム支援の課題を解決するうえでも，活用できると考え
られます．ここでは，現象学的な視点を応用して信念対立を解くためのアプロー
チの検討と，そのことをとおして見えてくる，かかわりとしてのカウンセリン

グ理論および技法の重要性を，あらためて確認します．

　言うまでもなく，対人援助職は，傾聴をはじめ，相応のコミュニケーション技術は身につけているはずです．それにもかかわらず，意思の疎通がうまくいかず，多職種連携によるチーム，そして同じ職種で構成されるチームにおいても支援の難しさが課題となっている状況がいまだに続いていることは否めない事実です．それはすなわち，この問題が根本的な困難，すなわち専門職間の信念対立の問題を抱えているということだと思わざるを得ません．

　「三つ子の魂百まで」ということわざがあるように，もともと各専門職の拠って立つ考え方や医療への思いが違っている場合，つまり信念の対立が起こっているとき，そう簡単に良好なコミュニケーションをはかり，お互いに分かりあうことなどできるのでしょうか．

　信念対立とは，京極真によれば「疑いの余地なき信念が矛盾する事態に直面すると引き起こされる確執」また「知らず知らずのうちに自分にとっての常識を拡大解釈し，それは他人にとっても常識だと思い込んだがゆえに起こるいざこざのこと」としています．そして，信念対立は，人間がいればいつでもどこでも生じる問題だと述べています[22]．

　たとえばチーム医療の場合，うまく機能すれば，メンバーが共通の目標を持ち，患者の最善の利益のために協働することが実現し，メディカルスタッフの多様性を活かした医療が実践されることが期待できます．しかしながら，メンバー間に信念対立が生じると，チーム支援が機能不全を引き起こす可能性が高まり，職務遂行に弊害をもたらす恐れがあります．

　これは多職種連携のチームに限りません．たとえば，看護師長と看護師主任の価値観が相容れないため，一般の看護スタッフへの指示が統一されておらず，師長の指示に従うと主任に怒られ，主任の指示に従うと師長に怒られる状態が続きます．その結果，当該部署のまとまりがなくなってきて，退職したいと訴える者も出てくる，というような事態も招きかねません．

　チームメンバーたちが自身の信念に疑いの余地を持たずに連携を行おうとした場合，当該チームは往々にして信念対立に陥ることになります．ではチーム支援において信念対立が生じたときは，どのように対処していけばいいので

しょう．それは，チーム内で専門性に依拠した意見が鋭く対立するような場合には，お互いに相手の話に耳を傾け，自分の価値観を相対化してみることが必要になります．そのために，私たちが心掛けなければならないこととは，どのようなことなのでしょうか．

　京極真は，信念対立を克服するための方法として，「信念対立解明アプローチ」（Dissolution approaches for belief conflicts : DAB）を開発・提唱しています．これは，現象学のモチーフを継承した構造構成主義という考え方を哲学的基盤とし，医療保健福祉領域で生じる信念対立に対処する方法論として研究開発されたとのことです．ここでは紙幅の関係で，そのポイントとなる部分に焦点を絞って紹介することにします．

　構造構成主義は，「信念対立解明アプローチ」の理論的基盤でもありますが，その中核概念・原理は「関心相関性」と呼ばれるものです．それは，提唱者の西條剛央によれば，「たとえば，死にそうなほど喉が渇いていたら『水たまり』も『飲料水』という存在（価値）として立ち現れることになるように，〈存在・意味・価値は主体の身体・欲望・関心と相関的に規定される〉という原理」とされます[23]．

　これらの哲学の原理のように，自分自身の拠って立つ価値観や信念がどのように成立したのかを，あらためて問う姿勢を身につけることで，いささか大げさな言い方かもしれませんが，ようやく他者を支援する営みの大地に立つことを許されるのではないかと思います．

　「信念対立解明アプローチ」には，このアプローチが「解決」ではなく「解明」を目指した方法であることに重要な意味があるといえます．それは，「解決」とは，信念対立の前提にある自身の信念には手をつけずに妥協点を見出していく方法であるのに対して，「解明」とは，問題が成立する諸条件を変えてしまうことで，問題が問題として成立しないようにしていく方法だからです．

　京極によれば，信念対立解明アプローチでいう「解明」とは，信念対立を発生させるルール，すなわち疑いの余地のない信念（考え方や感じ方）を変化させることによって，信念対立を消滅・破壊してしまう営みです．そのための諸条件として，本アプローチでは「相対可能性」と「連携可能性」の2つを確保す

ることを定めています．これらが確保されれば，少なくとも信念対立の予防と
克服への可能性を拓くことができるとしています．

　「相対可能性」とは，私にとっての当たり前は他人にとっての当たり前では
ない，人によって置かれている状況や物事を受け止める観点，価値観はそれぞ
れ異なっていると意識化できるようになることとしています．たとえば，チー
ム医療に限らず，患者にとって最善の治療およびケアが選択されるべきである
ことは言うまでもありません．

　しかし，インフォームド・コンセントが強調されるあまり，患者が自己決定
を強いられる状況をもたらしていたとするなら，本末転倒といわざるを得ませ
ん．今日，パターナリズムを排して患者の自己決定をサポートすることは「良
きこと」とされています．でもそのために，患者に重い負担と責任を押しつけ
ることになってしまっている場合が，残念ながら見受けられます．

　したがって，対人援助者は，「あたりまえ」とされていることを問い直し，
自分の価値観を相対化してみる姿勢が必要です．まさに，それこそが現象学的
な視点といえます．そのうえで，一人ひとりを「個別化」して捉え，その人に
合った支援のあり方を追求していくことが重要となるのです．

　しかし，「相対可能性」だけが強調されると，人それぞれだから「何でもあ
り」という極端なニヒリズム（虚無主義）に陥ってしまうかもしれません．そ
うした事態に陥らないようにするために，信念対立解明アプローチでは「連携
可能性」を確保することをもう１つの解明の条件に据えています．

　これは，人はそれぞれ違うという理解を前提にし，そのうえで，チームメン
バーが置かれた状況を共有し，共通目標を成し遂げるためにできる範囲で協働
していくことです．「連携可能性」は，メンバーの多様性を活かして能力の限
界を超えた成果を上げていくために必要な条件といえます．

　京極は「解明の成立条件」の実践例として，下記の事例を提示しています[24]．

信念対立解明アプローチ（解明の成立条件）の実践例

　中堅作業療法士が現状の職務の質には問題があると考えて，改善点を提案しました．しかし作業療法士長は日頃からマイナスの発想をしがちな人で，この部下からの改善案に対しても「それはこれまでのやり方と違う．他職種に説明するのが大変だ」と枝葉の問題点ばかり指摘して，一向に取り合ってくれませんでした．そうした状況に中堅作業療法士はイライラしていました．

　信念対立解明アプローチの活用によって，この状態からさしあたり「相対可能性」が拓かれたとしましょう．そうすると，中堅作業療法士と作業療法士長は「まぁ人によって関心も価値観も違うよね」というスタンスに至ることになります．すると，お互いにとっての当たり前を押しつけ合う状態は回避できる可能性が拓かれます．けれども，このスタンスから「だから何でもアリだよね」という状態に突き進む可能性も残されています．

　そのため，つぎに状況と目標と方法の共有を図っていき，建設的に協力していける状態を整えていくわけです．（中略）こうして「連携可能性」が確保されれば，建設的に前に進むための協力関係を築いていくことができるでしょう．

　ここでは，チームによる支援における信念対立の課題を解消する手段として，「信念対立解明アプローチ」を紹介しました．ポイントとなるのは，対人援助者があたりまえとみなしている自身の価値観を相対化し，チーム間で置かれた状況と支援の目標を共有化することにあるということです．

　筆者は，本アプローチには大いに期待できるものがあり，問題解決（解明）のための手段というだけでではなく，対人援助のあり方のさらなる展望を拓く可能性を有していると感じています．

(3) ふたたび自己覚知と傾聴の大切さへ

　実際に「信念対立解明アプローチ」を行うに当たって,具体的にはどのような理論とスキルを用いることになるのでしょうか.京極は,「信念対立解明アプローチ」は「哲学的基盤」「理論的基盤」「技法論的基盤」から構成されるとしています.そして,具体的な解明の技法論に通底するコミュニケーション・スキルとしては,傾聴,共感,質問という3つのセクションからなるとしています[25]（解明交流法）.

　これらは,まさにカウンセリングの技法と同じだといえます.ただ,京極は,当該のコミュニケーション・スキルにおける傾聴技法をマニュアル的な手段として位置づけていると思われるところがあり,筆者としては,その点が多少気になります[26].

　いずれにしても,ここにきて,信念対立の課題を克服するための高度なコミュニケーション・スキルも,結局は対人援助の基本的なコミュニケーション技法と重なるものであり,それらの習得が実施の前提条件になる,ということなのでしょうか.

　筆者は,それはおおむね正解と言ってもよいと思います.ただし,ここでいう基本的なコミュニケーション技法とは,単なる道具としてのスキルではないということを確認しておく必要があります.本書の基礎編（主に第2章）で述べたように,対人援助にとって最も重要で基本となるのは,自分の「こころのクセ」を知ること,すなわち自己覚知であるといいました.この援助者としての姿勢をしっかりと身につけることができてこそ,種々のスキルを活かすことができるからです.

　人は自己覚知に取り組むことをとおして,当然ながら自分自身のあり方を問う機会に直面することになります.それはたとえば,信念対立解明アプローチにおける解明の成立条件である「相対可能性」の確保とも関連の強い取り組みといえます.自己覚知を試みることによって,自身の「マインドセット（思い込み）をシフトチェンジしていく[27]」可能性が拓かれることになるからです.これは,ロジャーズが重視する,気づきをとおして「自己一致」の実現を推進していくことと,軌を一にしている営みであるともいえるように思います.

　チームによる支援において，信念対立を解消するということは，単なる課題の克服にとどまらず，多様性を活かす可能性を高めることになります．それによって，チーム支援の成果を高める可能性の幅も広げることができ，チームが持っている潜在能力を引き出すことにもつながると考えられます．

　最後に，繰り返し述べることになりますが，ここで紹介した信念対立解明アプローチに限らず，相談面接をはじめ，第 5 章「チーム力を高めるコミュニケーション技術」にて考察したような，対人援助にかかわるコミュニケーションの技法を実践し，効果を発揮していくうえでも，援助者の自己覚知と傾聴技法の習得が必須といえます．

　優れた対人援助専門職の要件とは，経験や実績の多寡よりも，自分自身のあり方を，いつでも振り返ることができる勇気をもっていることだと思います．

注
1 ）　篠田道子『他職種連携を高める　チームマネジメントの知識とスキル』医学書院，2011年，p. 2 ．
2 ）　居宅介護支援事業者や介護保険施設に所属し，ケアマネジメント業務や要介護認定の訪問調査の代行，保険支給限度額管理などを行う専門職．ケアマネジャーになるための条件（受験資格）は，保健・医療・福祉分野などの有資格者で， 5 年以上の実務経験を有する従事者であること．
3 ）　岩崎久志『教育臨床への学校ソーシャルワーク導入に関する研究　増補版』風間書房，2014年．
4 ）　朝日新聞2014年 5 月27日付朝刊（兵庫版）「心のケアも災害派遣　県が医療チーム整備へ」．
5 ）　厚生労働省「チーム医療の推進について」（チーム医療の推進に関する検討会　報告書），2010年．
6 ）　細田満和子『「チーム医療」とは何か　医療とケアに生かす社会学からのアプローチ』日本看護協会出版会，2012年，pp. 164-165.
7 ）　厚生労働省，前掲報告書（ 5 ）．
8 ）　篠田道子，前掲書（ 1 ），pp. 15-16.
9 ）　京極真『チーム医療・他職種連携の可能性をひらく　信念対立解明アプローチ入門』中央法規出版，2012年，p.17.
10）　篠田道子，前掲書（ 1 ），pp. 8 -10.
11）　中位の，半分の，という意味．ソーシャルワークでは，支援において介入する対象

領域をレベル別に，ミクロレベル（個人・家族・小集団），メゾレベル（学校・地域社会・自治体），マクロレベル（社会・国家）というように区分している．

12)　細田満和子，前掲書（6），pp. 142-143.

13)　尾原喜美子「チーム基盤型学習法（Team-Based Learning TBL）の紹介」『高知大学看護学会誌』3（1），2009年，pp. 37-44.

14)　渡邉美千代・渡邉智子・高橋照子「看護における現象学の活用とその動向」，『看護研究』増刊号，37，5（2004）p. 65.

15)　稲垣諭『大丈夫，死ぬには及ばない　今，大学生に何が起きているのか』学芸みらい社，2015年，p. 221.

16)　田口茂『現象学という思考〈自明なもの〉の知へ』筑摩選書，2014年，pp. 14-15.

17)　ベナー・ルーベル／難波卓志訳『現象学的人間論と看護』医学書院，1999年，pp. 10-11.

18)　榊原哲也『医療ケアを問い直す――患者をトータルにみることの現象学』ちくま新書，2018年.

19)　榊原哲也「現象学と現象学的研究」，西村ユミ・榊原哲也編著『ケアの実践とは何か　現象学からの質的研究アプローチ』ナカニシヤ出版，2017年，p. 3.

20)　ジオルジ・A，吉田章宏　訳『心理学における現象学的アプローチ――理論・歴史・方法・実践』新曜社，2013年.，なお，ジオルジの現象学的アプローチの記述については，松葉祥一・西村ユミ編『現象学的看護研究――理論と分析の実際』医学書院，2014年，pp. 50-51を参照した.

21)　竹田青嗣『自分を知るための哲学入門』筑摩書房，1990年，p. 89.

22)　京極真，前掲書（9），p. 22. 本項での「信念対立解明アプローチ」についての記述は，そのほとんどが本文献に依拠している.

23)　西條剛央『構造構成主義とは何か　次世代人間科学の原理』北大路書房，2005年，pp. 52-53.

24)　京極真，前掲書（9），pp. 52-53.

25)　京極真，同上，p. 38.

26)　京極真『医療関係者のための信念対立解明アプローチ――コミュニケーション・スキル入門』誠信書房，2012年，pp. 96-98.，そこでは，傾聴や共感ができないときは「フリ」をすればよい，といった書き方がされていたりする. 聴き手のストレス対処が重視されていることは理解できるにせよ，筆者としては，どうしても違和感を抱かざるを得ない.

27)　京極真，前掲書（9），p. 38.

参考文献
アーサー・クラインマン，江口重幸・五木田紳・上野豪志　訳『病の語り――慢性の病を

めぐる臨床人類学──』誠信書房，1996年.

木田元『現象学』岩波新書，1970年.

西條剛央・京極真・池田清彦　編著『構造構成主義研究2　信念対立の克服をどう考える
　　か』北大路書房，2008年.

竹田青嗣『現象学入門』NHK ブックス，1989年.

竹田青嗣『現象学は〈思考の原理〉である』筑摩書房，2004年.

おわりに

　本書で述べてきた，カウンセリングの理論と技術を習得し，対人援助の実践に活かしていくにはどうすればいいのでしょう．それは，何よりも実践体験をとおしてトレーニングを積むことだと思います．

　できれば，失敗をおそれず，失敗体験をとおして学ぶことをおすすめします．何をふざけたことを言うのかと，ご立腹になる方もおられるかもしれません．医療等の場合，患者さんの命がかかっていて，失敗などゆるされないのだと．

　そうかもしれません．それでも，個人の失敗を集団でカバーできるのも，チームだからこそ持てるパワーなのではないでしょうか．

　また，本書第7章でも触れたように，目の前の物事や事象だけを見るのではなく，ミクロからメゾ，そしてマクロへと複眼的な視点で捉え，考えてみることも大事だと思います．

　たとえば，実習生への指導について考える際，一人ひとりにしっかりかかわるとともに，現代の実習生気質についてマクロ的に考えてみることで得られるものもあるかもしれません．彼・彼女らが育ってきた時代背景や社会状況（就職氷河期や失われた30年など）にも目を向け，ある程度の理解をしておくことは，実習生とのコミュニケーションにも役立つのではないでしょうか．もちろん，それは利用者も同じです．

　そこでは，共通の話題を得ることができるからというよりも，相手を実存的に理解するうえでの手掛かりとなるからです．相手をより理解しようとするかかわりをとおして，受容，共感および承認することが内実を帯びて実現していくものと考えられます．

　話は変わりますが，私は脚本家・作家の山田太一さん（1934-2023）のファンです．なかでも，彼の代表作といえるテレビドラマ『早春スケッチブック』（1983年放映）は，今でもまったく古びない傑作だと思っています．その内容を紹介したいのですが，本当に残念ながら，紙幅がありません．シナリオが書籍化さ

れていますから，ぜひ読まれることをおすすめします．

その書籍版（山田太一『早春スケッチブック（山田太一セレクション）』里山社，2016年）のあとがきで，山田氏は，この作品の主人公のような，いわゆる小市民的に暮らしている人々に「なんてェ暮しをしてるんだ」と罵声を浴びせる人間の話に触れています．そして，ご自身を含めたいまの日本の生活者の多くは，そういう罵声を，あまりに自分に向けなさすぎるのではないでしょうか？　と疑問を投げかけています．

そのうえで，山田氏はニーチェの言葉を引いています．「いつかは，自分自身をもはや軽蔑することのできないような，最も軽蔑すべき人間の時代が来るだろう」と．そして，「そのニーチェの言葉が，このドラマの糸口でした」とも．このニーチェの言葉こそ，対人援助者にとって，自らを戒めるものとして常に意識しておかなくてはならないといえるのではないでしょうか．

自己覚知と傾聴を重視する援助者の姿勢は，このニーチェの言葉の真髄に通じるものだと，私は思っています．

本書の基となった拙著『看護・チーム支援に活かすカウンセリング——対人援助，多職種連携に必要なコミュニケーション技術——』(2014) は，おかげさまで好評を得て増刷となり，それも在庫が尽きようとしているとのことです．出版不況といわれるなか，ましてや専門書としては，本当にありがたいことだと思います．

「はじめに」にも記したように，この度の上梓に際しては，単なる改訂ではなく，新たな解説書として，より広い領域の対人援助に携わっている現任者，対人援助職を目指している人，そして対人援助職を養成している方を対象とするものとして，大幅に修正・加筆を施しました．

とくに，対人援助の利用者一人ひとりの「生きられた経験」に寄り添い，理解を深めるための現象学的な視点について，前著ではわずかしか触れられませんでしたが，今回は新たに節を設けて書き下ろしました．現象学による「ものの見方」はまた，チーム支援や多職種連携において生じる，信念対立による葛藤を解明することにも大いに役立つものと思います．

私が大学を卒業して最初に勤めたのは出版社でした．そこで扱うことになっ

たのは，看護・医療分野の専門書でした．あれから30年以上が過ぎ，自らが再び対人援助に関連する書籍を上梓することになるとは，まったく想像すらしていませんでした．そういう意味では，いまだに感慨深いものがあります．

　現在の私は，学生時代には考えてもみなかったような分野で仕事をさせていただいています．人の人生はどうなるかわからないものです．いずれにしても，ここに至るまでには，恩師の白石大介先生（武庫川女子大学名誉教授）をはじめ，じつに多くの人にお世話になってきました．お一人おひとりの名前をすべて挙げる余裕はありませんが，唯々心よりお礼を申し上げる次第です．

　最後に，今回も，晃洋書房編集部の阪口幸祐氏にいろいろとお世話になりました．ここに記して感謝いたします．

　　2019年11月
　　穏やかななかにも，日に日に寒さが増してくる阪神間から

　　　　　　　　　　　　　　　　　　　　　　　　　岩 崎 久 志

索　　引

*『国家資格』の名称については多岐にわたるため割愛した.

《著者紹介》

岩崎久志 (いわさき ひさし)

1986年　関西学院大学社会学部社会学科卒業
2000年　武庫川女子大学大学院臨床教育学研究科博士後期課程修了
　　　　出版社勤務，スクールカウンセラーなどを経て
現　在　流通科学大学人間社会学部教授
　　　　社会福祉法人神戸いのちの電話研修委員
　　　　博士（臨床教育学），公認心理師，臨床心理士，学校心理士SV

主要業績

『ソーシャルワークの固有性を問う──その日本的展開をめざして──』（共著，晃洋書房，2005年）
『心理療法を終えるとき』（共著，北大路書房，2005年）
『産業心理臨床入門』（共著，ナカニシヤ出版，2006年）
『教育臨床への学校ソーシャルワーク導入に関する研究 増補版』（単著，風間書房，2014年）
『ストレスとともに働く──事例から考える こころの健康づくり──』日本応用心理学会平成29年度齊藤勇記念出版賞受賞（単著，晃洋書房，2017年）
『学び直しの現象学──大学院修了者への聞き取りを通して──』（単著，晃洋書房，2020年）

対人援助に活かすカウンセリング
──チーム支援，多職種連携に必要なコミュニケーション技術──

| 2020年 3 月25日　初版第 1 刷発行 | ＊定価はカバーに |
| 2024年 4 月15日　初版第 3 刷発行 | 表示してあります |

著　者　　岩　崎　久　志ⓒ
発行者　　萩　原　淳　平
印刷者　　藤　森　英　夫

発行所　株式会社　晃　洋　書　房

〒615-0026　京都市右京区西院北矢掛町 7 番地
電話　075 (312) 0788番代
振替口座　01040-6-32280

装幀 HON DESIGN（小守 いづみ）　　印刷・製本 亜細亜印刷㈱
ISBN978-4-7710-3338-2

岩崎久志 著
学び直しの現象学
──大学院修了者への聞き取りを通して──

四六判　210頁
定価2860円（税込）

小池清廉 著
ケ ア の 技 術 と 倫 理

A 5 判　102頁
定価1430円（税込）

青木みのり 著
「クライエントの視点」再考
──ブリーフセラピーからの一提言──

A 5 判　224頁
定価3190円（税込）

松田幸弘 編著
人 間 関 係 の 社 会 心 理 学

A 5 判　260頁
定価3080円（税込）

山中恵利子 著
5人の看護師さんの体験談からすくいあげられた
5 つ の 「現場の看護の知」

四六判　170頁
定価1870円（税込）

山中恵利子 著
7人の看護師さんの体験談からすくいあげられた
7 つ の 「 看 護 の 知 」

四六判　136頁
定価1540円（税込）

岡田昌毅 編著
働くひとの生涯発達心理学 Vol. 2
──M-GTA によるキャリア研究──

A 5 判　210頁
定価2640円（税込）

岩崎久志 著
ストレスとともに働く
──事例から考える　こころの健康づくり──

四六判　186頁
定価1980円（税込）

秋田 巌 著
うつの人の風呂の入り方
──精神科医からの「自分で治すための」46提案──

四六判　162頁
定価1650円（税込）

晃 洋 書 房